# Loiza

Loiza en Mirjam Lamers

# Loiza

Lev.

*Omslagontwerp*
Linda Sier
*Omslagbeeld*
Myrthe Mylius

ISBN 978 94 005 1427 0
NUR 770

When the sharpest words wanna cut me down
I'm gonna send a flood, gonna drown 'em out
I am brave, I am bruised
I am who I'm meant to be, this is me
Look out 'cause here I come
And I'm marching on to the beat I drum
I'm not scared to be seen
I make no apologies, this is me

'This Is Me', uit *The Greatest Showman*

I am what I am
And what I am needs no excuses
I deal my own deck
Sometimes the ace, sometimes the deuces
It's one life and there's no return and no deposit
One life, so it's time to open up your closet
Life's not worth a damn till you can shout out:
'I am what I am'

'I Am What I Am', uit *La Cage aux Folles*

# Inhoudsopgave

# 1
# De brief van Tess

*Loiza*

*Hoi Loiza,*

*Ik volg je nu al een tijd op televisie en Instagram. Je bent een prachtig mens, het kan niet anders dan dat je moeder trots op je is. Ik wil jullie beiden graag iets vragen als dat mag. Wij hebben een zoontje, Martijn, hij wordt bijna acht. Hij was twee of drie jaar oud toen hij aangaf een meisje te willen zijn, en de laatste tijd zegt hij het steeds vaker. Wij accepteren Martijn zoals hij is, als jongen of als meisje. Daarom schreven we ons in voor de wachtlijst bij de stichting die in deze regio gesprekken voert met ouders en kinderen over gendertransities. Maar het duurt minimaal een halfjaar voordat we ons eerste gesprek krijgen, dat is best lang.*

*Martijn is ondertussen behoorlijk aan het experimenteren met kledingstijlen, pruiken en make-up. Het is weleens over the top. Dat maakt me onzeker of we de teugels wel verder moeten laten vieren. Hebben jullie misschien tips voor ons, wat we op dit moment kunnen doen voor Martijn? Hij wil ook als meisje naar school en ik weet niet zo goed welk tempo wij het best kunnen aanhouden. Is het beter om eerst gesprekken te voeren met experts of om Martijn volledig zijn hart te laten volgen, ongeacht wat het professionele advies straks zal zijn? Wij zijn zo bang voor de pijn die anderen hem zullen aandoen. Jullie hebben het vast druk, toch hoop ik dat jullie kunnen reageren.*

*Met hartelijke groet,*
*Tess*

Mijn moeder en ik kijken elkaar aan. We zitten in de auto, deze mail kwam zojuist binnen en ik besloot het bericht voor te lezen. Alleen vandaag al is dit brief nummer twee, en de dag is nog lang niet voorbij. Sinds ik *Holland's Next Top Model* won en sindsdien met enige regelmaat in de kijker sta, blijken er zoveel mensen, instanties en jongeren te zijn die mij of mijn moeder om raad vragen.

Het liefst reageer ik persoonlijk op elk bericht, maar het is gewoon te veel. Door de overdaad aan zulke berichten besluiten mijn moeder en ik om regelmatig ons verhaal in de media te vertellen. Over hoe wij het gedaan hebben. Ik met mijn moeder, met mijn vader, met mijn zusje en broertje, met ons hele gezin. Het leven dat ik nu leid, maakt mij gelukkig en dat interesseert mensen. Zij hebben hun pad nog niet bewandeld en zijn op zoek naar handvatten. Hoe kom je met zo weinig mogelijk kleerscheuren door dit traject heen? Als mensen naar onze ervaringen vragen, vertellen we er altijd bij dat onze manier niet de enige juiste manier is. Het was zeker ook niet makkelijk, hoewel dat van buitenaf soms wel zo lijkt.

Ik kijk nog eens opzij naar mijn moeder. Eén ding zal ik wel toegeven: ik heb ontzettend veel geluk gehad met de mensen in mijn directe omgeving.

Terug naar de brief van Tess. Mijn hart gaat uit naar Martijn en haar moeder. Ik zou ze willen vertellen over de valkuilen van dit moment en in de jaren die eraan komen en over de overwinningen en het geluk. Geluk dat overigens niemand kan garanderen. Ik zou ze over mijn weg willen vertellen. Om te laten zien waar ik denk dat we een voorbeeld zijn, maar ook om te laten zien waar we betere keuzes hadden kunnen maken. Maar we kunnen niet iedereen mailen of bellen. En weer komt het idee om een boek te schrijven naar boven. We zouden zoveel meer mensen tegelijkertijd kunnen helpen. Ook al hebben we geen antwoord op alle vragen, als we mensen zoals Tess een stukje op weg kunnen helpen met één vraag waar ze mee worstelen, dan ben ik daar dankbaar voor. Al is het maar een heel klein stukje.

*Dag lieve Tess,*

*Je neemt Martijn serieus en je laat haar zijn wie ze wil zijn. Dat is echt het allerbeste wat je als moeder kunt doen. De wachttijden zijn inderdaad een drama, dat speelt nu heel erg. Dat is het nadeel van het feit dat het een steeds bekender begrip wordt, het transgender zijn. Ik weet vanuit mijn ervaringen hoe belangrijk het was dat mijn ouders altijd naar mij hebben geluisterd en wij het tempo eigenlijk samen hebben bepaald. Daar zit een limiet aan, als je dochter bijvoorbeeld een paradijsvogel is. Als ze weg is van extravagante kledingkeuzes en accessoires, dan wil ze dat op een gegeven moment uiten. Zelf had ik twintig prinsessenjurken klaarliggen om naar school te dragen, maar ik ben achteraf blij dat ik het niet heb gedaan. Het pestgedrag zou alleen maar erger zijn geworden.*

*Praat met elkaar en probeer samen het pad uit te stippelen, stap voor stap. Naar school in 'gewone kleding' en thuis prinsessenjurken, pruiken, kronen of tiara's en wat al niet meer. Laat je kind binnen je eigen kaders zijn gang gaan, de wereld ontdekken. Het ziekenhuis zal je vragen om je kind enige tijd te laten onderzoeken, om te kijken of er een kans is dat Martijn zich later toch identificeert als een jongen. Ik vond dat heel naar, het voelde alsof ik teruggeduwd werd in het jongenskeurslijf en daar moest blijven.*

*Misschien ervaart Martijn dit ook zo, maar hopelijk begrijp je waarom ze dat doen. Mocht Martijn zeker weten dat hij als meisje naar school wil, bel dan met de leraren. Bespreek jullie situatie. Ik kan het tempo niet uitstippelen voor jullie, maar ik weet wel dat door open met elkaar te praten, jullie samen het tempo kunnen bepalen. Er is niet één manier om dit te doen.*

*Vertrouw op jezelf.*

*Liefs,*
*Loiza*

# 2

# De geboorte van Lucas

*Mirjam*

Een vraag die ik als moeder van Loiza vaak krijg, is wanneer het moment was dat we zeker wisten dat Lucas een meisje was. Dat heeft eigenlijk wel een paar jaar geduurd, hoewel we al vroeg wisten dat er iets speelde. Gek genoeg kwamen de eerste aanwijzingen eigenlijk al tijdens de zwangerschap.

Een van de mooiste dagen van mijn leven was 9 januari 1995 in Wageningen, de dag waarop Loiza werd geboren. Ik wilde ontzettend graag moeder worden, en het moment was eindelijk daar. Ik kon mijn geluk niet op. Ik droomde mijn hele leven al van kinderen, en dan het liefst eerst een jongen en dan een meisje. Op de basisschool werd ik namelijk flink gepest. Als ik een grote broer had, dan zou niemand mij wat durven aandoen. Tenminste, dat dacht ik toentertijd.

Toen Theo en ik nog maar kort bij elkaar waren, keken we een film en daar kwam de naam Lucas in voor. 'O, Lucas, wat is dat een leuke naam!' zeiden we tegen elkaar. 'Als we ooit een zoon krijgen, dan gaan we die Lucas noemen.' We schreven de naam op in een schriftje als een wens voor later.

Tijdens een consultatie luisterde de verloskundige naar het hartje van de baby en ze wist het zeker: Theo en ik werden de gelukkige ouders van een meisje. Ze had al meer dan twintig jaar ervaring in het vak, dus namen we aan dat ze gelijk had. Eigenlijk was het dus de verloskundige die Luus als eerste herkende aan haar hartslag, dat vind ik heel bijzonder. De geboorte begon en om allerlei verschillende redenen beviel ik in het ziekenhuis.

De baby bleek een jongetje te zijn. Een jongetje?! Je kunt je voorstellen hoe verbaasd we waren toen ik beviel van een zóón. Om eerlijk te zijn was ik echt even van de kaart. Mijn bevalling was moeilijk op gang gekomen en Lucas moest zijn eerste nacht in een couveuse doorbrengen, dus lag ik die eerste nacht alleen in mijn ziekenhuisbed. Ik weet nog goed dat ik uren naar het plafond staarde, ik kon er de eerste uren niet van slapen. Ik dacht alleen maar: ja maar, ik kreeg toch een meisje, hoe kan dit nu? Ik wist niet zo goed wat ik ervan moest denken en had even de tijd nodig om te schakelen. Het moment waarop ik Lucas in mijn armen kreeg, maakte het me allemaal niets meer uit. Een zoon of een dochter: ik had hoe dan ook een prachtig kind gekregen.

In de weken na de geboorte van Lucas had ik veel zorgen. Hij was veel ziek, behoorlijk benauwd en zijn maagje zat niet goed. Het bleek een cascademaagje te zijn, waardoor voeding niet goed zijn maag in kon lopen. Dus moesten we met voeden bepaalde bewegingen maken: voorover, achterover, naar allebei de zijkanten, zodat die voeding goed de maag in kon komen. Daar vonden we op een gegeven moment wel een weg in. Ook kochten we een stoomapparaatje voor de benauwdheid, en kregen we een heleboel medicijnen om hoest en slijmvorming tegen te gaan. Het was geen gemakkelijke tijd, maar gelukkig ging het steeds beter.

Zes maanden na de geboorte van Lucas was ik alweer zwanger, deze keer van Maaike, en hoewel ik vrij moe was van deze maanden, was ik blij een tweede kind te krijgen. Toen de verloskundige vertelde dat ze wederom een meisje in mijn buik hoorde, werd mijn man boos. Hij nam het voor mij op: 'Weet je wat een rotnacht Mirjam in het ziekenhuis had? Jij dacht dat het een meisje zou worden, maar het werd een jongetje. En nu zeg je weer hetzelfde?' zei Theo geïrriteerd. Hij wilde er niets van horen. Hoewel Maaike wel als meisje werd geboren, heeft de verloskundige zich bij mijn zwangerschap van Thijs niet meer aan een voorspelling gewaagd.

Een van de eerste momenten waarop ik Lucas als Loiza had kunnen herkennen, was tijdens een van de fijne ochtenden die we samen hadden. Als Theo 's ochtends naar zijn werk ging, dan haalde ik Lucas uit bed. Hij was in tegenstelling tot zijn zusje altijd vroeg wakker. Maaike was een heel lief kind, een 'slaper' zoals ze dat wel zeggen. Zij bleef lekker dutten totdat ik haar wakker maakte. Lucas vond het heerlijk om bij mij in de slaapkamer te spelen. Ik zette dan een grote spiegel voor de deur en bleef nog even in bed liggen, met de tv aan. Lucas ging zich dan verkleden, met mijn T-shirts en hakken aan en een handdoek om zijn hoofd gewikkeld. 'Kijk mama, zo is het net alsof ik mooi lang haar heb!' Zo stond hij voor de spiegel, hij was dan echt aan het paraderen. Het liefst deed hij ook mijn make-up op. Hij werd daar zo blij van, dat was ontzettend mooi om te zien. Dat het geen typisch jongensgedrag is, dat zagen we wel, maar daar schonken mijn man en ik verder geen aandacht aan.

Een vriendin van me kreeg drie maanden voor de geboorte van Lucas ook een jongen. 'Maak je je geen zorgen?' vroeg ze aan mij. 'Hoezo?' reageerde ik verbaasd. 'Ja, stel nou dat Lucas straks homo blijkt te zijn?' Ik vertelde haar dat het mij niet uitmaakte. Een gelukkig kind, dat was voor ons het belangrijkste. Theo en ik zijn in onze beide families bekend met homoseksualiteit en hebben er nooit persoonlijk problemen mee ervaren. Daar heb je zelf toch geen invloed op? Leven en laten leven, dat is ons motto. Dus lieten wij Lucas lekker met Barbies of soldaatjes spelen, het maakte ons niet uit. De voorkeur bleek algauw uit te gaan naar Barbies en ander speelgoed van zijn zusje. Maaike en Lucas zaten vaak samen in de huiskamer te knutselen of te verven. Prima toch? Ik had er geen verdere gedachten bij. Het zijn twee kinderen, gewoon laten doen waar ze plezier in hebben.

Ook bij de peuterspeelzaal werd er kritisch gekeken naar

het gedrag van Lucas. De kleuterleidster wilde hem graag uit de poppenhoek lokken en hem verleiden om vaker naar de bouwhoek te gaan en met auto's te spelen. 'Dat is prima. Als jullie dat nodig vinden, dan probeer je dat maar,' was mijn reactie. Het kon in mijn ogen geen kwaad. Alleen pakte dat lastiger uit dan gedacht. Lucas kwam na zulke dagen vreselijk chagrijnig en drammerig thuis. Daar vond hij weer de verkleedjurkjes en prinsessenspulletjes om mee te spelen, en veranderde hij weer in een blij kind. Ik liet hem wederom zijn gang gaan. Wij wilden hem per slot van rekening gelukkig zien.

Het verschil in voorkeuren voor speelgoed tussen onze kinderen was ontzettend goed merkbaar. Vier jaar na Lucas werd zijn broertje Thijs geboren. Al snel merkten we dat al het jongensspeelgoed van Lucas een enorme aantrekkingskracht op Thijs had. Alle mooie auto's die hij van zijn grootouders cadeau had gekregen, stonden alleen maar voor de sier op zijn kamer; Lucas heeft ze nooit aangeraakt. Thijs daarentegen kon er niet van afblijven. Zodra hij kon lopen, griste hij die auto's van de plank af om ermee te spelen. Het werd ons algauw duidelijk hoe perfect Maaike en Thijs in het verwachtingspatroon van meisjes- en jongensgedrag vielen, en hoe anders Lucas zich gedroeg. Toen er bijvoorbeeld een vrouw met een prachtige bloemetjesjurk aan over het schoolplein liep, was het Lucas die mijn aandacht daarop vestigde: 'Kijk eens, mama, die mevrouw heeft zo'n mooie jurk aan!' Of: 'Mama, waarom loop jij niet op hakjes? Juf Marie-José loopt altijd op hakjes, kijk nu hoe mooi, mam!' Ik zag het als een voorbode van homoseksualiteit, want van transgender kinderen had ik eerlijk gezegd nooit eerder gehoord. Het kwam niet in me op dat Lucas weleens een meisje kon zijn.

Pas in groep vier merkten we dat Lucas toch écht anders was, dat er meer aan de hand was. Maaike ging ook naar de basisschool en kwam uiteindelijk zelfs samen met Lucas in dezelfde klas, omdat ze niet meer dan vijftien maanden in leeftijd schelen. Al die jaren hebben ze dezelfde vriendinnetjes gehad; Lucas speelde eigenlijk niet met jongens. Langzaam maar zeker begonnen we toch na te denken over wat er eigenlijk precies speelde, en het duurde niet lang meer voordat we een antwoord hadden.

# 3

# Er klopte iets niet

*Loiza*

*Loiza, heb jij iets speciaals gedaan om je ouders te vertellen dat je een meisje was? Ik weet niet hoe ik het mijn ouders moet vertellen dat ik géén meisje ben!*

*Kiki (per DM)*

Zolang ik me kon herinneren, klopte er iets niet. Als jong kind kun je niets met dat gevoel, er is alleen een soort van onrust. Die onrust uitte zich in meerdere aspecten van mijn leven. Zo wilde ik bijvoorbeeld geen jongenskleding dragen. Elke ochtend was het weer raak en maakte ik stampij. Het moet een drama voor mijn moeder zijn geweest om mij aan te kleden. Hetzelfde probleem deed zich voor bij speelgoed, muziek, vriendjes en vriendinnetjes, om maar iets te noemen. Niets klopte. Alles wat mensen van mij als Lucas verwachtte, leek niet bij me te passen. Wat wel goed voelde, waren alle dingen die van mijn zusje Maaike waren. Haar speelgoed vond ik fantastisch en mijn haar wilde ik hetzelfde dragen als zij. Echt, ik wilde niets liever.

Zo weigerde ik op driejarige leeftijd om ander ondergoed te dragen dan dat van mijn zusje. Ik vertel weleens voor de grap dat dit de manier is waarop ik mijn coming-out heb gedaan. Maaike had voor haar verjaardag drie setjes ondergoed gekregen van K3, in feite dezelfde onderbroekjes en hemdjes, maar met drie verschillende kleuren. Het was het mooiste ondergoed dat ik ooit had gezien, en absoluut het enige ondergoed dat ik wilde dragen. Ik was toch immers, net als Maaike, een meisje? Zo voelde dat.

Ik vond het setje ondergoed vooral fantastisch omdat ik zelf helemaal gék was van K3. Toen ik klein was, deed ik een tijdlang niets anders dan naar hun muziek luisteren en de bijbehorende dansfilmpjes bekijken. Ik herinner me nog dat mijn moeder ons voor sinterklaas eens kaartjes voor een concert cadeau gaf. Samen met Maaike en een nichtje van ons gingen we diezelfde maand nog naar een optreden in Arnhem. Ik was nog zo jong, maar ik stond boven op mijn stoel en begon te huilen toen ik K3 op het podium zag verschijnen. Ik werd zó emotioneel toen ik ze in het echt zag!

Je kunt je voorstellen hoe jaloers ik was op dat ondergoedsetje van mijn zusje. Maar ik droeg niet alleen graag meisjesondergoed, het allerliefst ging ik elke dag in een prinsessenjurk op pad, compleet met kroon of tiara. Voor mijn moeder was het helpen aankleden voor school elke dag weer een strijd. Zij koos voor mij steeds een spijkerbroek en T-shirt uit, en een trui voor eroverheen als het koud was. Toen ik eenmaal oud genoeg was om mezelf aan te kleden, legde mijn moeder 's ochtends mijn kleding klaar. Later op de dag, als mijn vader me bijvoorbeeld hielp met uitkleden, kwamen mijn ouders er vaak achter dat ik onder mijn spijkerbroek tóch het K3-ondergoed van mijn zusje had aangedaan. Ik gehoorzaamde mijn ouders, maar wilde me tegelijkertijd mezelf voelen.

Op die momenten hadden mijn ouders wel door dat ik geen doorsneezoon was. Eigenlijk wist iedereen in mijn omgeving wel dat er iets anders aan mij was. De basisschoolleraren vertelden aan mijn moeder: 'Lucas zit het liefst de hele dag in de poppenhoek, hij wil zich alleen maar verkleden.' Ja, weet je, in die poppenhoek hing ook een bruidsjurk, speciaal voor kinderen vermaakt. Die was ooit aan de school cadeau gedaan door een van de moeders. In die tijd wist ik helemaal niet dat een jurk dragen bij de meisjesdingen hoorde, ik wist alleen dat ik daarmee wilde spelen. Met de bruidsjurk aan voelde ik me goed, dan voelde ik me mezelf. Daar hoefde ik niet over na te denken.

Afgezien van dat grapje over het K3-ondergoed heb ik tegenover mijn ouders niet echt een 'coming-out' gehad. Heel veel mensen vragen me daarnaar in DM's of in mailtjes, maar ook in interviews. Dat is vaak zo emotioneel beladen dat ik soms weleens bijna beschaamd moet zeggen: 'Ik heb niet echt een coming-out gehad. Dat was niet nodig, mijn ouders hebben gewoon goed opgelet.' Zo kan ik dat wel zeggen, want ik heb wat ik in die jaren deed natuurlijk nooit heel bewust gedaan. Waar ben je je op vier-, vijfjarige leeftijd bewust van? Weinig. Toch heb ik altijd wel aangegeven dat ik een meisje wilde zijn en dat er iets niet klopte. Ik kan me niet voorstellen hoe lastig dit moet zijn geweest voor mijn ouders. Ik confronteerde ze bijna dagelijks met een ontzettend ingewikkeld en lastig dilemma. 'Mama, mag ik net als Maaike zijn? En mama, mama, mama, waarom heeft Maaike een ander lichaam dan ik?' Weet je wel, dat soort vragen, als kind gooi je ze er zonder na te denken uit. Gelukkig waren mijn ouders oplettend en heel open van geest. Zij zagen dat ik ongelukkig werd van het jongetje spelen en hoewel het erg verwarrend voor ze was, accepteerden ze dat wel. Daarom zijn ze op zoek gegaan naar antwoorden.

Mijn moeder zocht urenlang op internet: wat is hierover te vinden? Waarom is mijn kind zo? Mijn kind wil een meisje zijn terwijl hij als jongetje is geboren, wat is dit? Genderdysforie was in die tijd nog helemaal niet zo bekend als nu (we hebben het over het jaar 2000). En dan al helemaal niet in dat kleine dorpje waar ik vandaan kwam, dat was helemaal niet werelds. Volgens mij was het in 2001 dat Kelly van der Veer voor het eerst openlijk op nationale tv in het programma *Big Brother* vertelde dat ze transgender was. Als ik er soms over nadenk, dan besef ik: wat bijzonder eigenlijk dat mijn ouders in die tijd al zo vooruitstrevend waren, zo accepterend! Op internet vond mijn moeder de eerste handvatten en leerde ze meer over de term 'transgender' en het bijbehorende transitietraject. Die open en onderzoekende houding heeft er dus uiteindelijk ook toe geleid dat wij als het ware met het hele gezin de transitie in zijn gegaan. Het traject werd niet alleen dat van mij, we spraken er veel over en in zekere zin deden we het met z'n allen. Nogmaals: ik was echt nog een kind, dus uiteraard moest dat ook wel. Maar ik merkte door de natuurlijke insteek van mijn ouders dat ik er zelf altijd makkelijk in ben meegegaan.

Ik mocht gewoon kind zijn en mijn ouders zorgden ervoor dat ik zo gelukkig mogelijk kon zijn. En als dat betekende dat ze met me naar het ziekenhuis moesten om met het transitietraject te beginnen, dan deden ze dat. Als mijn moeder daarvoor school moest bellen om me af te melden, dan was dat geen probleem. Ook al wisten mijn ouders helemaal niet hoe het transitietraject eruitzag of hoe de school zou reageren, ze deden het toch. Zo heeft mijn moeder nadat we het ziekenhuis hadden bezocht en de diagnose 'genderdysfoor' was gesteld, mijn lerares opgebeld en gezegd: 'Lucas wil morgen met meisjeskleding aan naar school.' Ik zat in groep vier of vijf, en de lerares wist niet wat haar overkwam. Toen het ziekenhuis bevestiging gaf, waren mijn ouders zekerder in hun keuze om mij als meisje naar school te laten gaan. Een week daarvoor waren we met mijn zusje gaan winkelen. Ik zag toen een outfit die ik zo graag wilde dat mijn moeder die voor me had gekocht.

De ochtend dat ik voor het eerst in meisjeskleding naar school mocht, herinner ik me nog goed. Het was ook de eerste ochtend dat we geen strijd hadden over mijn kleding. Op alle voorgaande schooldagen was ik gefrustreerd geweest. Bij elke outfit bekroop me een boos gevoel. 'Dat *wíl* ik niet aan!' riep ik dan heel hard tegen mijn moeder. Die combinatie van wanhoop, machteloosheid en onbegrip kan ik nog steeds voelen, zo heftig was dat. Mijn jeugd werd niet alleen door negatieve gevoelens gekenmerkt; het was vallen en opstaan. Je valt en voelt pijn, je huilt en droogt je tranen, je staat op en gaat weer verder. Zo deed ik dat dan ook. Maar na alle dagen dat ik weigerde om verkleed als jongen naar buiten te gaan, staat die eerste dag dat ik eindelijk als mezelf naar school toe mocht in mijn geheugen gegrift.

*Lieve Kiki,*

*Vertel je ouders hoe je je voelt en vraag ze of ze je willen begrijpen. Zeg dat je hun steun en liefde nodig hebt. Misschien valt het mee; er is steeds meer bekend over hoe jij je voelt en over wat jij wilt. Als het niet meevalt, vraag dan aan een juf of een tante, een oma of een oppas, of je het met hen mag bespreken. Samen komen jullie eruit. Je mag me altijd een DM sturen om te vertellen hoe het gaat. Doen, hoor!*

*Veel liefs,*
*Loiza*

# 4

# Naar school als meisje?

*Mirjam*

*Hallo Mirjam en Loiza,*

*Ik heb twee jongens: Tom (9) en Jurre (6). Ik zit veel op Instagram en zet daar ook altijd gewoon foto's van mijn jongens op. Maar ik bewerk de foto's van Tom altijd eerst. Ik 'knip' bijvoorbeeld zijn benen eraf als hij op de foto hakken aanheeft... Je zult begrijpen waarom ik dat doe. Maar eigenlijk doet het me pijn, want hij is wie hij is... Laat ik eerlijk zijn: ik ben bang voor de reacties. Diep in mij zit nog een andere twijfel: eigenlijk ben ik niet eens zo heel bang voor de reacties van anderen, maar wel of ik Tom hiermee tekortdoe. Ik laat hem niet zien zoals hij is, ik filter hem als het ware. Is dat wel juist? Kun je me daar misschien een tip voor geven?*

*Heel erg bedankt,*
*Johanna*

Net zoals Johanna vroeg ik me als moeder steeds vaker af in hoeverre ik Lucas kon vrijlaten naarmate hij ouder werd. Een voorbeeld was tijdens carnaval toen Lucas als prinses of als bruid naar een groot kinderfeest in het dorp wilde gaan. Mijn bedenkingen werden steeds sterker: is dat wel verstandig, een jongetje in een prinsessenjurk over straat, in ons kleine dorp? Het was mijn moeder die zei: 'Doe niet zo moeilijk, trek dat kind een jurk aan. Als kinderen nog zo klein zijn, dan kan dat allemaal. Dat maakt echt niet uit.' Je moet weten: mijn moeder is een vooruitstrevende vrouw en staat overal voor open. Maar weinig dingen zijn haar te gek.

Wat me veel kopzorgen heeft bespaard, is het feit dat je toentertijd nog geen Instagram had. Ik hoefde me geen zorgen te maken over hoe Lucas zichzelf via internet presenteerde aan de buitenwereld, in tegenstelling tot briefschrijfster Johanna. Dezelfde angst die zij voelt als Tom in een post wilde plaatsen, voelde ik toen Lucas zich met carnaval wilde verkleden als prinses. Het is een moment waarop de narigheid van de buitenwereld naar binnen kan dringen. Bekrompen mensen kunnen je kinderen pijn doen, hen kwetsen omdat ze anders zijn dan anderen. En als ouder wil je je kind voor alle soorten negativiteit behoeden. 'Als jij zo naar buiten gaat als meisje, dan gaan ze je pesten. Ze zullen je uitschelden,' zei ik tegen Lucas. Hij wees me terecht: 'Hallo, ik wíl toch ook een meisje zijn?! Het maakt mij niet uit, mam, als ze me uitschelden.' Lucas bleek een stuk moediger dan ik. Ondertussen schoten de gedachten door mijn hoofd: wat zullen de mensen in Driel wel niet denken? Wat zal de buitenwereld ervan zeggen? Weet hij wel hoe gemeen de wereld kan zijn, aan welke narigheid hij zich straks blootstelt? Die nacht heb ik wakker gelegen, twijfelend over wat de juiste keuze zou zijn. Ik wenste dat er een handleiding zou bestaan voor deze situaties, maar helaas.

Ik dacht het 'probleem' van een zoon in een prinsessenjurk makkelijk op te lossen door twee beestenpakken te naaien. Maaike was niet echt een meisjesachtig meisje. Ik wist dat zij gelukkig zou zijn met een leuk berenpak, en besloot voor Lucas een hondenpak te maken. Niet te jongensachtig, maar ook zeker niet te meisjesachtig, om pestgedrag te voorkomen. Maaike vond het prima, maar Lucas was niet gelukkig. 'Dat wil ik niet, mam! Ik wil eigenlijk heel graag in een jurk gaan,' hield hij stug vol. Maar hij was nog klein en toen lukte het me nog om hem om te praten. Toen volgde het kindercarnaval in het dorp, in die beestenpakken dus. Maaike ging lekker carnaval vieren, met de andere kindjes spelen en hossen. Lucas bleef doodongelukkig bij ons staan. En ongelukkig was hij nooit, hij was echt een levendig, vlot en enthousiast kind. Ik herinner me het moment waarop mijn moeder kwam aanlopen nog goed. 'Wat is dit nou? Kijk dat kind!' merkte ze op. 'Ja, mam...' reageerde ik. Ik wilde bezwaar maken, maar ze praatte er dwars overheen: 'Ga met dat kind naar huis en trek hem een jurk aan! Vooruit!' Thuis trok Lucas gauw de prinsessenjurk aan en rende weer naar buiten. Hij had nog hondenschmink op zijn gezicht zitten, maar dat maakte hem niets uit. Hij genoot de rest van de avond en was de gangmaker van het feest.

Je zou denken dat ik het ondertussen wel in de gaten had dat mijn pogingen om Lucas neutraal over straat te laten gaan geen zin hadden, maar nee. Een jaar later bij hetzelfde carnavalsfeest probeerde ik het weer. Lucas wilde graag een outfit met een lange cape. Ideaal, dacht ik. 'Ik maak voor Maaike een prinsessenjurk, en dan maak ik voor jou een prinsenpak van mooi fluweel met een heel lange cape!' Niet geheel onverwacht was Lucas jaloers op Maaike. Zij had een mooie prinsessenjurk en hij liep weliswaar met een lange cape, maar was niet blij met de broek en de blouse die eronder zaten. Toen hebben we het opgegeven. We besloten voor Maaike een blauwe prinsessenjurk te maken en voor Lucas een roze. Iedereen blij. Op het feest zelf bleek er helemaal niets aan de hand te zijn. Vanaf toen hebben we het losgelaten: tijdens carnaval gaat hij gewoon als prinses of bruid. Het is immers een verkleedfeest, dus wie gaat er nu in hemelsnaam moeilijk doen?

Lucas zat in groep vier toen de schooldagen een onoverkomelijk probleem werden. Hij wilde niet meer in jongenskleren naar school. Op een dag tijdens het winkelen trokken Lucas, mijn moeder en ik eropuit. Mijn moeder riep me en trok het kleedkamergordijn open. Daar stond Lucas, in een lange denim blouse en een broek met wijde pijpen, duidelijk van de meisjesafdeling. 'Mam, zo wil ik morgen naar school,' deelde hij mee. Ik zei dat het prima was, maar dacht vooral: hoe gaan we dit aanpakken?

Eenmaal thuis heb ik een plan van aanpak met mijn man Theo doorgenomen. Hij stelde voor om juffrouw Marie-José te bellen en te vertellen wat er aan de hand was. Haar reactie was fantastisch: 'Doen! Op school zijn ze toch al niet anders gewend dan dat-ie met meisjes speelt in de poppenhoek en in de verkleedhoek "woont". Dus laat hem als meisje naar school komen.' De volgende ochtend bracht ik Lucas in meisjeskleding naar school. Eenmaal thuis deed ik niets anders dan huilen. Ik kon niet meer stoppen met denken dat ik de verkeerde keuze had gemaakt. *O god, waar stel ik mijn kind aan bloot? Waar gaat dit heen? Straks wordt hij gepest, zo wordt hij niet gelukkig. Ik ben grenzeloos en ontroostbaar verdrietig!* Dat waren de enige gedachten die op dat moment door mijn hoofd schoten.

Die middag begon ik op internet te snuffelen. Wat gebeurt hier? Waar gaat dit naartoe? Ik kwam terecht bij stichting Berdache, een zelfhulpgroep voor ouders met kinderen die genderdysfoor zijn. Ik belde de hulplijn, kreeg een man aan de telefoon en voerde een heel lang gesprek met hem. Er waren zoveel herkenningspunten, want hij had een kind in een vergelijkbare situatie als Lucas. Daarmee was het raadsel voor ons opgelost. Alles viel op zijn plek toen ik deze man aan de telefoon sprak.

Diezelfde avond, toen Theo thuiskwam van zijn werk, hebben we ons aangemeld bij het VUmc. De eerste gesprekken hadden we in Utrecht, en er zouden er nog vele volgen. En onderzoek en tests en nog meer gesprekken. En daar kwam inderdaad uit dat Lucas honderd procent genderdysfoor was, zowel bewust als onbewust. Lucas is helemaal geen jongen. We begrijpen de verwarring, maar wij zijn eruit. We hebben een dochter: Luus.

*Hallo Johanna,*

*Wat een goede vraag stel je! We snappen dat je Tom wilt beschermen tegen de boze buitenwereld, maar om eerlijk te zijn weten we niet of we je kunnen adviseren in deze situatie. Loiza is ontzettend veel gepest. Ze werd gezien als 'de transgender' van het dorp, en veel ouders hadden het daar moeilijk mee. En kinderen gaan mee in het verhaal van hun ouders, dus kozen zij Loiza uit als zondebok. Ze werd in elkaar geslagen, van schommels af getrapt, noem maar op. Dat is waar je Tom tegen wilt beschermen en dat snappen we. Tegelijkertijd is je twijfel terecht: door zo naar de wereld te filteren wie Tom is, doe je hém daarmee niet tekort? Loiza wil je laten weten dat zij het niet fijn had gevonden als ze op deze manier werd beschermd tegen de wereld. Het pesten vond ze vreselijk, maar ze waardeerde het ontzettend dat ze bij haar ouders zichzelf kon zijn. Het enige advies dat we je kunnen geven: bespreek het met*

*Tom wanneer het juiste moment zich voordoet. Je hoeft niet altijd alles op Instagram of op een ander platform te delen, dat heb je goed aangevoeld. Maar als het kinderlijke onschuld is, of een spel dat hij graag speelt, wat maakt het dan uit?*

*Zorg ervoor dat Tom weet dat je dit niet doet uit afkeuring of afwijzing. Onbegrip kan soms het meest pijn doen.*

*Sterkte en liefs,*
*Mirjam*

Wat ik iedere lezer wil meegeven, is dat je je kind niet altijd kunt beschermen tegen pesten, zelfs niet als je het als ouder ziet gebeuren – en dat lukt niet altijd. Luus was een jaar of tien en fietste samen met Maaike naar school. Ik reed er in de auto achteraan, want we hadden op school iets af te geven en ik zou daarna meteen doorrijden naar mijn werk. Op het moment dat Luus ongeveer bij school wilde stoppen, kwam er een jongen aan die haar met zijn fiets klemreed. Hij reed zo haar voorwiel in en spuugde twee heel grote rochels zo in haar gezicht en in haar haren. Het duurde even voordat ik besefte wat ik zag en ik werd zo ongelofelijk kwaad, daar waren echt geen woorden voor. De minachting van die knul, de banaliteit van zijn daad, de smerigheid: ik voel de woede nog steeds opborrelen als ik eraan terugdenk. Natuurlijk wil je je kind beschermen tegen dit soort gebeurtenissen. Maar je kind in een kleine kooi vastzetten, is echt niet de oplossing.

De kern van acceptatie zit in de intieme relatie tussen ouder en kind. Foto's en video's van dingen die buiten het normale patroon vallen vormen soms ook een aanleiding om de eigen grenzen van wat we als 'normaal' zien misschien wat te verleggen. We zijn geen van allen in alle opzichten normaal. Iedereen heeft dingen waar hij trots op is en dingen waarvoor hij zich schaamt. Dat is onderdeel van het menszijn. Door er zo nu en dan over te praten, door er iets van te laten zien, kan onze omgeving meebewegen. 'Hé, wat bijzonder, dat kan dus ook!' Dat is de gedachte die je bij mensen teweeg wilt brengen.

# 5

# Het jongenskeurslijf

*Loiza*

*Dag Loiza en Mirjam,*

*Hopelijk is het oké dat ik jullie een brief stuur. Een vriendin van mij woont ook in Driel en zij gaf mij jullie adres door. Ik val maar gelijk even met de deur in huis. Het ziet ernaar uit dat mijn kleinzoon een kleindochter gaat worden. En ik vraag me gewoon af: hoe kun je zoiets nou zeker weten? Ik weet inmiddels dat een transgendertraject een levenslange klus is, waarin dingen nooit gewoon of normaal worden. Het lijkt me allemaal gewoon zo vreselijk gecompliceerd... Kun je wel zeker weten dat je het verkeerde geslacht hebt meegekregen bij je geboorte? Het kan best zijn dat mijn weerstand hier aan het woord is, maar ik zou zo graag zien dat mijn kleinkind een kans maakt op geluk. En transgender zijn lijkt me zo verschrikkelijk veel werk! Het is vooral mijn bezorgdheid waarom ik schrijf.*

*Bij voorbaat heel veel dank als jullie mijn vraag willen beantwoorden.*

*Met vriendelijke groet,*
*Mia*

Hoe kun je zeker weten dat een gendertransitie de juiste keuze is? Ik kan deze vraag niet zomaar beantwoorden, al is het voor mij nooit een vraag geweest. Mijn lijf klopte pas na mijn operatie, en alles wat ervoor nodig is om het zo te houden is een prijs die ik met liefde betaal. Denk daarbij aan hormonen slikken, op controle blijven komen, misschien nog zo nu en dan een correctieoperatie. Het is in elk geval zeker niet niks. Het kan zijn dat dat voor andere transgenders anders is. Dus daar screenen ze bij het VUmc (tegenwoordig het Amsterdam UMC, locatie VU) goed op. In mijn brief aan Tess stipte ik ook al even het 'jongenskeurslijf' aan. Dat was een groot ding in mijn jonge jaren. Van jongs af aan wist ik dit zeker: ik ben een meisje, ik wil een meisje zijn. Ik vroeg het meer dan eens bijna smekend aan mijn ouders: 'Mama, papa, mag ik alsjeblieft een meisje zijn?' In het VUmc werden er testen gedaan en ja, het klopte, ik was honderd procent een meisje, geboren in het lichaam van een jongen. Zowel bewust als onbewust.

Toen volgde er een traject met psychologen van het VUmc die zich weleens even over mij zouden buigen. 'Laat dit kind eerst maar eens voelen hoe het is om een zoon te zijn. Laat hem met zijn vader een aantal keren een vader-zoondag doorbrengen, waarop ze stoere jongensdingen gaan doen. Dan leert hij hoe jongens en mannen met elkaar omgaan, dan weet hij hoe dat voelt.' Dat was letterlijk wat er werd gezegd.

Ik word nog steeds boos als ik eraan terugdenk hoe gevangen ik me voelde door die verplichting. Ik kon het niet meer verdragen. Ik kon niet denken: ik ga gewoon gezellig samen met papa op pad. Ik wist dat de enige reden dat ik met papa op pad moest gaan was dat ik een jongetje moest zijn en me een jongetje moest blijven voelen. Dit wilde ik helemaal niet! Ik kon het niet meer loslaten. De start van het traject was een strijd en vooral helemaal niet leuk. Het was het idee van een keurslijf, van een verplichting, wat me zo tegenstond. 'Je moet je jongenskant naar boven blijven halen. Dus doe even stoer en mannelijk, maar wees vooral niet jezelf. En heb het een beetje leuk, alsjeblieft.'

En om heel eerlijk te zijn: ik was een echt moederskindje. Mijn vader en ik lijken onwijs op elkaar qua karakter en daarom botsten wij vroeger enorm. Met twee pittige temperamenten kan de bom soms barsten. Ook daarom twijfelde ik of we wel samen op pad moesten gaan. Hoewel er altijd liefde was, bleef de vraag: wat hebben wij samen? Als mijn vader 's avonds thuiskwam dan was ik negen van de tien keer ruzie aan het zoeken. Wij leken simpelweg veel te veel op elkaar. Daarnaast vroeg ik me af waarom ik op een zondagmiddag samen met mijn vader alléén moest gaan zwemmen. Hoezo maar met z'n tweetjes? Mijn vader werkte verschrikkelijk hard, waardoor hij overdag weinig thuis was. En als hij er dan was, dan moest hij samen met mij gaan uitproberen of ik een jongen zou kunnen zijn, terwijl ik daar helemaal geen zin in had? Verschrikkelijk! Waarom zou je op zondagmiddag niet samen met het hele gezin op pad kunnen? Gezagsgetrouw hebben we het twee keer geprobeerd en het toen gelaten voor wat het was.

Gelukkig begreep mijn vader mijn weerstand wel; het was voor hem ook een soort 'moeten'. Het voelde niet natuurlijk voor hem om met zijn kind op pad te gaan, puur en alleen omdat het moest van het VUmc. Ik was geen zoon, en dat zou ik ook niet worden door te doen alsof. Als meisje wilde ik dat mijn vader trots was op de dochter die hij had. Mijn ouders, mijn zusje en mijn broertje begrepen dat. Waarom was het voor de rest van de wereld dan zo moeilijk?

Inmiddels ben ik wat ouder en als ik erop terugkijk, snap ik de logica van zo'n aanpak met vader-zoondagen wel, en ook waarom het traject langer duurde dan ik wilde. Ziekenhuizen hebben een zorgplicht en willen voorkomen dat mensen met dit traject een vergissing maken. Daar hebben ze filters voor, ingericht met behulp van psychologen. Je komt niet onmiddellijk in het transitietraject met alle toeters en bellen zodra je zegt dat je dat wilt. Vooral met jonge kinderen bestaan de eerste paar jaren uit gesprekken met psychologen: met het kind alleen en samen met de ouders. Je moet enorm lange vragenlijsten invullen. Ze willen echt tot de kern komen: waar komt dit verlangen om van geslacht te veranderen vandaan? In sommige gezinnen wordt onderzocht of er misbruik plaatsvindt in het gezin. Door misbruik kan een bepaalde persoonlijkheidsstoornis ontstaan, waardoor een kind niet meer geïdentificeerd wil worden met het geslacht dat hij of zij op dat moment heeft. Het kind hoopt dat het misbruik ophoudt wanneer hij of zij verandert in iemand anders – in een versie van zichzelf met het tegenovergestelde geslacht.

Dit filteren is een langdurig proces; in het ziekenhuis zijn ze er voorzichtig mee en erg grondig. Dat is niet voor iedereen fijn, maar het wekt wel vertrouwen. En dan toch, ondanks alle voorzichtigheid, kan het gebeuren dat iemand op latere leeftijd spijt heeft van zijn of haar transitie en het weer ongedaan wil laten maken. Als je weet wat een gendertransitie inhoudt, dan is het nauwelijks voor te stellen dat er mensen zijn die na verloop van tijd 'terug willen', maar het komt voor. Het is een enorm complexe materie.

Ik vraag me weleens af bij wie de verantwoordelijkheid ligt voor zulke beslissingen, en of er een juist traject is dat bij iedereen past. Ik wilde absoluut niet mee op de voorgestelde vader-zoondagen en voelde mij er zwaar ellendig bij. Was het dan een fout van het ziekenhuis om dit te verplichten? Nee, dat denk ik niet. In mijn ogen is het beter om heel grondig te zijn en iemand voor een fout te behoeden dan klakkeloos een snel proces aan te bieden. Er zijn veel cosmetische ingrepen mogelijk zonder dat er moeilijke vragen worden gesteld, maar een chirurg gaat niet onder het motto 'u vraagt, wij draaien' in een gezond lichaam snijden. Hoe je het ook wendt of keert, soms weten mensen gewoon niet waarom ze willen wat ze willen. Daarom is er soms een langdurig psychologisch traject nodig.

Als dat niet zo was geweest, dan was ik misschien veel sneller overal doorheen gekomen, en dat is ab-so-luut wat ik toen wilde. In mijn ogen was het niets anders dan een heleboel vertraging en ik haatte het. Alleen maar eindeloze gesprekken over iets wat voor mij als een paal boven water stond. Ik heb zo vaak geroepen: 'Waarom weer die klotegesprekken? Laat me met rust!' Ik zat de minuten af te tellen als ik weer in zo'n gesprek zat met een of meer psychologen. Mijn ouders zaten daar altijd bij. Mijn vader is nogal een kletskous, en die ging dan met die psycholoog in gesprek: 'O, en dit en dat! O, en hoe zit dit?' Ik dacht alleen maar: hallo, dit gaat niet over transgender zijn, mijn vader wil gewoon een praatje maken, kunnen we dóór? Het liefst riep ik mijn vader op dat soort momenten toe: 'Wil je ophouden!?' Naarmate ik ouder werd, ging ik mijn vader steeds meer instrueren: 'Pap, we gaan daar zitten, we praten over het transgendertraject en daarna gaan we weg. Geen sociale gesprekken meer met een psycholoog. Ik vind het al onzin genoeg dat ik daar überhaupt naartoe moet!'

Bij mij was er nooit een spoor van twijfel. Toch vind ik het achteraf gezien fijn dat het ziekenhuis zo zorgvuldig te werk ging. Ze proberen mensen te behoeden voor spijt, ook al kon ik dat als ongeduldige puber maar weinig waarderen. Het is in mijn ogen de enige juiste manier: eerst onderzoek je samen waarom je een ingreep wilt, pas daarna volgt het gesprek over wat er mogelijk is.

*Dag Mia,*

*Hoe graag ik je ook het juiste antwoord zou willen geven, alleen je kleinkind kan vertellen wat er in hem of haar omgaat. Jij en ik kunnen niet bepalen of hier een fout gemaakt wordt. Ik kan je wel verzekeren dat het personeel in het ziekenhuis erop getraind is om vergissingen te voorkomen. Maar eerlijk is eerlijk: niet in alle gevallen lukt dat. Praat met je kleinkind en observeer goed. Mijn familie zag dat ik in de rol van een meisje gelukkig kon zijn en in de rol van een jongen totaal wegkwijnde. In mijn herinnering was bijvoorbeeld de eerste heilige communie een dramatische ervaring. Ik wilde niets liever dan die dag in een bruidsjurkje rondlopen, met wit kant en strikjes. Maar dat trokken mijn ouders niet, dus dat is niet gebeurd. Ik weet nog goed hoe diep ongelukkig ik op dat moment was. Toen ze dat eenmaal doorhadden, veranderde mijn leven. Ik hoop dat jullie het geluk van je kleinkind centraal weten te stellen. Het kost moeite, toch is het een kleine prijs als je daarmee groot ongeluk weet te voorkomen.*

*Ik wens jullie veel geluk toe!*

*Liefs,*
*Loiza*

# 6

# Grenzen stellen

## *Mirjam*

*Dag mevrouw Lamers,*

*Ik richt me tot u als ervaringsdeskundige, u bent immers de moeder van Loiza. De zoon Lucas die u kreeg, is uitgegroeid tot een nationaal icoon. Ze is niet zomaar een vrouw geworden. Ze is een topmodel en nu ze zich regelmatig in de media beweegt, is ze een superheldin voor vele meisjes geworden: de Catwoman (of Catwalkwoman?) voor transgenders. Mijn kleindochter kijkt enorm tegen Loiza op en wil precies zo'n loopbaan als uw dochter. En ik denk dan vooral: hoe hebben haar ouders dat gedaan? Loiza heeft zo'n grote persoonlijkheid, ik kan me voorstellen dat het een pittige klus geweest moet zijn tijdens de opvoeding. Hoe hebben jullie haar met zoveel succes op het juiste pad gekregen? Excuses als ik nu een stap te ver ga, maar ik herken dezelfde persoonlijkheid ook bij mijn kleindochter, en dat is niet altijd even makkelijk. Hoe hebt u haar grenzen kunnen stellen, terwijl ze toch ook zo duidelijk haar vleugels moest kunnen uitslaan, om te worden wie ze nu is?*

*Bij voorbaat veel dank!*

*Met vriendelijke groet,*
*Mariëtte Mulders, oma van Michael/Mischa*

Deze vraag van Mariëtte raakte mij als moeder. Het was inderdaad een klus, vooral omdat wij als ouders in de jaren negentig totaal onvoorbereid waren op wat er komen ging. Totdat Luus ongeveer zes jaar oud was, was zij in onze ogen een jongen die een passie had voor meisjesdingen. In het begin dachten we daar niet al te veel over na. Het leek ook niet zoveel uit te maken. In groep een en twee van de basisschool is er nog geen duidelijke scheiding tussen jongens en meisjes: eigenlijk zijn ze nog één grote groep kinderen. In groep drie en vier is dat anders. Meisjes nemen meisjes mee naar huis om te spelen, en ze nemen meer afstand van jongens. Dat was voor ons ook het moment waarop we wisten: hier is iets anders aan de hand. Maar wat? Eerst dachten we dat Luus later misschien homo zou blijken te zijn. Ik had een oom die op mannen viel, en Theo had ook een aantal homoseksuele ooms, dus daar gingen onze eerste gedachten naartoe. Daar heb ik in die tijd weleens met mijn schoonmoeder over gesproken. Zij vertelde dat haar broertjes niet per se met meisjesspeelgoed wilden spelen, zoals Luus dat wel graag deed. Mijn eigen oom bleek dat als kind ook niet te hebben gedaan. Theo herinnerde zich een verhaal van een buurmeisje dat echt een jongetje wilde zijn. Hij wist dus wel dat je als kind transgender kon zijn, hoewel dit bij het buurmeisje pas op latere leeftijd bleek. Ik kan me voorstellen dat genderdysfore meisjes het ten opzichte van jongens iets makkelijker hebben. Als je als meisje in het verkeerde lichaam geboren bent, kun je een spijkerbroek en T-shirt aantrekken, en je haar wat korter dragen. Als je mazzel hebt en je borsten zijn niet al te rond, dan voel je je al een stuk beter. Bij een jongen in het verkeerde lichaam is dat een heel ander verhaal.

Eén moment waarop wij als ouders duidelijk grenzen moesten stellen, was bij het drama omtrent kleding. Ik schreef al eerder dat Luus graag in een jurkje rondliep, maar dat wij dit als ouders liever nog een tijdje afhielden. Maaike liep graag rond in een spijkerbroek met T-shirt, daar had ik veel geluk mee. Stel dat Maaike het liefst uitgedost in strikjes en rokjes naar school wilde gaan, dan had Luus vast en zeker nóg meer geprotesteerd tegen haar kleding.

Als we Luus in K3-ondergoed aantroffen, dachten mijn man en ik weleens: waar gaat dit heen, wat is het juiste pad eigenlijk, en als dat er is, hoe krijgen we Luus daar dan op?

Bij dit soort levensvragen was mijn moeder een grote hulp. Ze zei meer dan eens: 'Kom op, doe niet zo moeilijk, dat kind moet gewoon kunnen zijn wie hij is en je ziet het later wel.' Dezelfde woorden hielden we in gedachten toen we het transitietraject ingingen. *Wat staat ons te wachten? Geen idee, maar dit voelt nu goed en hoe we de volgende uitdaging aanpakken, dat zien we later wel. Luus mag zijn wie ze is, en dat is een meisje.* Mocht ze zich als tiener bedenken – een mogelijkheid waar het VUmc ons al eerder voor had gewaarschuwd – dan was dat maar zo. Dan zouden we het hele proces weer doorlopen, maar dan terug de andere kant op.

Vanaf toen besloten Theo en ik om het proces stapje voor stapje te doorlopen, te beginnen met de kleine zaken thuis – zoals kleding. Om onze eigen grenzen én die van Luus in de gaten te houden, stelden we onszelf telkens de volgende vragen:

1. Wat geeft Luus zelf aan dat zij wil?
2. Kunnen we haar dat bieden?
3. Is het binnen onze grenzen, binnen onze normen en waarden?
4. Voelen wij als ouders ons daar goed bij?
5. Voelen onze andere twee kinderen zich daar goed bij?

Een voorbeeld van die grenzen was het uitzoeken van nieuwe kleding voor Luus. Als ik met Luus kleren ging kopen, dan moest dat extravagant zijn, niet gewoon een spijkerbroek met een T-shirt voor meisjes. Maar wij hielden voet bij stuk. 'Zie je wat Maaike draagt? Zo ga jij ook naar school. Je mag van ons als meisje naar school, maar dan wel als een stoer meisje.' De boodschap? *Dit is zo ver als we met je mee willen gaan, dit is wat wij goedvinden.* Ik ben zelf ook niet extreem vrouwelijk, ik draag niet vaak hakken bijvoorbeeld. Een broek met een leuke blouse vind ik ook prima. Af en toe pak ik uit, maar niet elke dag en niet te veel. Ik hoor het Luus nog zeggen: 'Mam, waarom doe jij dat niet? Waarom maak jij je niet mooi met make-up en je haar?'

Zoals je inmiddels wel hebt begrepen, heeft Luus een pittig karakter, ze is een krachtig persoon. Het moest allemaal gaan zoals Luus het wilde, en niet anders. We hebben momenten van strijd gehad, zo erg dat ik niet wist wat ik moest doen. Op die momenten dacht ik: o god, dit wil ik niet, ik weet niet meer wat ik met je aan moet! Het is weleens gebeurd dat ik haar heel stevig – eigenlijk te stevig – tegen me aandrukte. Luus wist heel goed wat ze wilde, maar kon daardoor ook een enorme drammer zijn.

Als ik achteraf terugkijk op deze tijd, dan zie ik ook heel veel plezier. Er was strijd, maar gelukkig zoveel meer liefde. Mijn man en ik zeggen regelmatig tegen elkaar hoe fijn het is dat Luus in ons gezin geboren mocht worden. Ik ken genoeg mensen die in het begin enorm veel moeite hadden met haar transitie. Dat was lastig om mee om te gaan. Maar ze is altijd een lief, warm en spontaan kind geweest, en als je er moeite mee hebt dat ze als meisje in een jongenslichaam is geboren, houd dan maar een beetje afstand.

Afstand nemen is ook precies wat wij met sommige vrienden hebben gedaan. Er was een stel met wie we samen een keer op vakantie waren gegaan, maar hun zoontje vertelde aan alle andere kinderen in het dorp waar we zaten dat Luus niet echt een meisje was. Dat maakte de vakantie niet zo leuk voor Luus en voor ons, dus toen hebben we besloten dat we dat 'samen vakantie vieren' het jaar erop niet zouden herhalen. Inmiddels is dat gelukkig allemaal weer helemaal goed gekomen en is de vriendschap hersteld. Een transitie is voor iedereen in de omgeving een moeilijke tijd. Soms is harde grenzen stellen de beste keuze, en soms moet je een beetje begrip tonen.

Harde grenzen stellen is natuurlijk makkelijker gezegd dan gedaan, vooral als het andere volwassenen betreft. Mensen roddelen, kijken raar naar je. Daar zitten ook grenzen aan, grenzen die gemakkelijk worden overschreden door bijvoorbeeld mensen in ons dorp. Tijdens een 'speelweek' in ons dorp aan het eind van de zomervakantie bijvoorbeeld had ik beter voor mezelf en voor Luus willen opkomen. Toen we binnenkwamen, draaiden al die hoofden al om. Ik hoorde een moeder al wijzend naar Lucas tegen haar kind zeggen: 'Kijk, dat is nou Luus, de jongen die een meisje wil zijn.'

Dat soort dingen in ons dorp vind ik wel heftig. Ik krijg dan een knoop in mijn maag. Het liefst zou ik zo'n moeder meteen aanspreken: 'Wat moet je nou van mijn dochter, heb je soms vragen voor haar?' Zodra dat soort dingen gebeuren, verwijt ik mezelf ook heel vaak: waarom ben je niet wat standvastiger, waarom loop je niet naar die mensen toe? Helaas ben ik niet zo'n moeder die er meteen bovenop zit, ik ben altijd wat terughoudend. Gelukkig reageert Theo in dat soort situaties goed, die heeft er gewoon maling aan: 'Hoezo, wat zit je nou te mompelen? Wat zeg je nou? Dat is gewoon onze dochter en dat zij een andere weg bewandelt, wat is daar mis mee?' Dat waardeer ik enorm in Theo. Ik ben zo'n schaap, ik wil andere mensen niet kwetsen, maar ondertussen word ik wel zelf gekwetst.

Een keer tijdens zo'n speelweek vatte Luus het plan op om te gaan optreden met een paar andere meiden samen. Ze gingen een liedje zingen. Ik wist niet zeker of dat wel zo'n goed plan was, maar als zij iets wil, krijg je dat met geen honderd paarden uit haar hoofd. Nou, dat pakte heel goed uit: ze was in één klap populair. Toen zag ik weer in dat ik ook op háár gevoel mag vertrouwen. Ze kan en kon namelijk heel makkelijk mensen voor zich innemen, met haar openheid en haar presentatie.

*Dag mevrouw Mulders, lieve Mariëtte,*

*Ik kijk met plezier terug op de periode dat Loiza bij ons thuis woonde. Op haar tijd als Lucas, op haar tijd als Luus en vanaf haar zeventiende op de tijd als Loiza.*

*Ja, we hebben er een pittige klus aan gehad, dat heb je goed opgemerkt. Maar er zijn geen wetten geschreven of regels vastgesteld waar we ons aan hielden.*
*We hebben ons gevoel gevolgd: wat wil onze dochter, en hoe voelt dat voor ons als ouders? En hoe zit het met haar broertje en zusje? Stel in jullie familie dezelfde vragen. Daar zit het antwoord of je kunt meegaan in wat Mischa wil. Nou ja, dit is in elk geval hoe wij het hebben gedaan. Natuurlijk hebben we sommige dingen verkeerd aangepakt, maar ik geloof als je terugkeert naar je gevoel en de liefde die jullie voor elkaar hebben, dat het in mijn ervaring nooit heel erg mis kan gaan.*

*We wensen je een mooie tijd toe met Mischa.*

*Hartelijke groet,*
*Mirjam*

# 7

# Eerlijk naar jezelf durven kijken

*Loiza*

Beste Loiza,

*Ik ben vast niet de enige die je om advies vraagt en je hebt het vast druk genoeg, maar ik doe het toch. Het gaat om onze dochter Tara, geboren als onze zoon Brian. Vanaf het moment waarop ze kon praten, zei ze al: 'Maar mama, hè, ik ben toch een meisje?' Dat gevoel was vanaf dat ze kon praten op jonge leeftijd al ontzettend sterk. We werden eerst door het expertisecentrum geadviseerd om haar wens om zich als meisje te uiten af te remmen, maar dat leidde tot steeds meer protesten van haar kant. Toen ze op vijfjarige leeftijd zei: 'Mama, mag ik dood en als meisje opnieuw uit jouw buik geboren worden? Kan dat?' ging bij ons de knop om. Ze moest toen zo vreselijk huilen dat bij ons het kwartje viel dat ze meer ruimte nodig heeft. Ruimte om zich te mogen kleden zoals ze wilde, om uitdrukking te geven aan hoe zij zich vanbinnen voelt.*

*De omgeving was om te beginnen ronduit vijandig. De school van Tara overwoog een melding van kindermishandeling te doen, omdat wij onze zoon als meisje lieten rondlopen. Gelukkig is dat goed gekomen. Daarna is de acceptatie geleidelijk gegroeid, maar het is een lange weg geweest. Wij hebben zelf Tara kunnen accepteren zoals ze is, en het lijkt de goede kant op te gaan. Ze is een prachtig en vrolijk kind, en heeft veel vriendinnetjes.*

*Toch bekruipt me af en toe de vraag: zijn we wel goed bezig? En is de vraag van school over kindermishandeling niet ergens relevant? Welke ellende staat haar nog te wachten als ze ouder wordt, en zijn wij daar niet deels verantwoordelijk voor?*

*Ik kijk uit naar je reactie.*

*Groet,*
*Fay*

Dit is ook weer een voorbeeld van een brief die ons bij de keel grijpt, deze keer om twee andere redenen dan bij de eerder getoonde brieven. Tara gaf aan dood te willen om in het 'juiste' lichaam herboren te worden – bij dezelfde mama. Daarnaast is het heel verdrietig dat als Fay en haar partner hun dochter serieus nemen, zij misschien voor kindermishandeling worden aangeklaagd! Het onbegrip en de onwetendheid ten aanzien van genderdysforie zijn nog steeds zo groot in deze wereld... Ik hoop echt dat ik daar wat aan kan doen, al is het maar een beetje. Mijn enige antwoord op deze brief is:

*Lieve Fay,*

*Je bent het juiste pad ingeslagen. Je hebt geluisterd naar je kind en je probeert te doen wat het expertisecentrum je heeft verteld. Het is goed om naar het expertisecentrum of het ziekenhuis te luisteren, maar als alle richtlijnen zo sterk tegen jullie gevoelens ingaan, neem ze dan met een korreltje zout en vertrouw op je intuïtie. Tara is nu gelukkig, schrijf je, en dat betekent alles. Jullie zien hoe mooi Tara kan zijn nu ze zichzelf durft te zijn. Dat gevoel van acceptatie helpt haar om liefde te voelen, daar kracht uit te halen en haar plek in de wereld te vinden. Omdat ze niet langer hoeft te vechten tegen de mensen van wie ze houdt en haar familie. Jullie zijn nu haar stabiele basis geworden. En Fay, je bent heel goed bezig.*

*x*
*Loiza*

Ik ben enorm dankbaar voor het bevoorrechte leven dat ik zelf mag leiden, vooral wanneer ik merk hoe moeilijk het transitieproces voor anderen is. Mijn jeugd werd, naast een aantal minder leuke dingen, ook gekenmerkt door hoe soepel het proces verliep. Dat vind ik soms lastig om uit te leggen. Als kind ben ik echt een gewoon kind geweest. Ik werd geboren in een jongenslichaam en dat vond ik vervelend, maar verder dacht ik daar niet al te veel over na. Ik was zoals ik was en mijn ouders, broertje en zusje gingen daar gewoon in mee. Ik heb geen zelfmoordneigingen gehad, ik heb mijn ouders of omgeving niets willen aandoen en ik lijk er geen psychologische trauma's aan te hebben overgehouden. Natuurlijk waren er weleens ruzies, maar mijn broertje en zusje hebben mij nooit laten vallen omdat ik transgender was. Opmerkingen zoals 'je bent eigenlijk een jongen, je bent eigenlijk Lucas, manwijf' hebben zíj nooit gezegd. Om eerlijk te zijn draag ik genoeg nare herinneringen met me mee, vooral doordat ik vaak gepest ben. Maar doordat mijn ouders me niet hebben verstoten, is me een hoop ellende bespaard gebleven. Dat besef ik heel goed. Ik heb me lang schuldig gevoeld rondom dit geluk met ons gezin, deze relatieve moeiteloosheid rondom het transgender zijn. Hoe kan ik mijn verhaal uitleggen als mensen tegen me zeggen: 'Je bent zo sterk, we hebben zoveel respect hoe je het hebt gedaan.' Is dat niet misplaatst respect? Want wat heb ik eigenlijk gedaan? Ik heb gewoon mijn leven geleid als kind. Mijn ouders deden alles wat daar op de achtergrond voor nodig was, en dat was misschien wel het moeilijkste stuk.

Als ik wél een nare ervaring meemaakte, vond ik het lastig om het een plek te geven. Waar mag ik nog over klagen, dacht ik dan. 'Niet klagen, je hebt het goed.' Dat is altijd mijn motto geweest. Ik heb nooit geleden onder het transgender zijn, want dat mócht ik zijn. Mijn strijd was met de buitenwereld, maar ik heb me thuis altijd veilig gevoeld. Ik ben transgender, en dat was altijd oké. Het was nooit verboden of vervelend om mezelf te zijn. Ik heb mezelf er nooit voor gestraft, zoals andere transgender personen dat soms wel doen.

Ik was trots op mezelf, en dat liet ik anderen maar wat graag weten. Toen ik nog door het leven ging als Lucas, voerde ik voor mijn familie vaak showtjes op. Ik deed alsof ik modeshows liep en ik maakte mensen graag op. Het maakte me niet uit dat ik in een jongenslijf zat. Beauty inspireerde me en bovendien was ik een entertainer. Ik herinner me een verjaardag bij ons thuis waarop er veel visite was. Ik ging naar boven en trok mijn oma's kast open. Zij had een lade vol met prachtige, satijnen sjaaltjes. Ik verkleedde mezelf helemaal met al die sjaaltjes en kwam vervolgens weer naar beneden. Iedereen die op die verjaardag was, moest mij bekijken en bewonderen, want ik had me mooi aangekleed. Zelfexpressie en gezien willen worden zat al vroeg in me. Dat ik daardoor extra kwetsbaar was voor negatieve reacties, kwam nog helemaal niet in me op. Ik wilde honderd procent mezelf zijn, dat was de enige manier om me gelukkig te kunnen voelen.

Ook bij vriendinnetjes thuis kon ik gewoon Luus zijn; ik

hoorde er helemaal bij. Voor een verjaardagsfeestje hadden de ouders van een vriendinnetje een indianenfeest georganiseerd. Er stond een tipi in huis, en we kregen allemaal lappen stof, leer, veren en kralen om onze eigen indianenoutfit te maken. Ik zag dat alle andere meisjes een stoere indiaan wilden zijn. Ze maakten krijgeroutfits met veren, speren, pijl-en-boog. En ik? Ik maakte een mooi lang gedrapeerd gewaad, een satijnen jurk. Ik dacht: ja, doei, ik hoef geen stoere indiaan te zijn, ik wil mooi zijn! Om in de indianensfeer te blijven, wilde ik best een indianenmeisje zijn, maar liever een indianenprinses.

Terwijl ik deze anekdote vertel, wordt het me duidelijk waarom ik zo gelukkig word van modellenwerk. Het sluit aan bij wat ik vroeger al wilde zijn: een mooi meisje. Mijn zusje is ook een prachtige meid, maar het verschil tussen ons maakt voor mij nu veel duidelijk. Mijn zusje is – en was zeker vroeger – een stoer meisje. Zo herinner ik me dat mijn zus en ik met onze moeder gingen winkelen. Mijn zusje zocht een mooie lichtblauwe broek met een T-shirt uit. Klaar. Terwijl ik erop stond om met een paarse, wijd uitlopende ribbroek de winkel te verlaten, met daarop een jas met zo'n nepbontkraag. Het transitietraject was misschien iets gemakkelijker geweest als ik me iets neutraler had willen kleden, maar je kunt niet verhullen wie je echt bent. Tenminste, niet lang.

Ik begrijp dat het nu klinkt alsof er thuis alleen maar liefde was: samen winkelen, geen nare opmerkingen en ik mocht in jurken en glitters rondrennen als ik dat wilde. Er was zeker veel liefde; thuis bij mijn familie was ik geen transgender, ik was mens. De stabiele basis die Fay aan Tara biedt, die heb ik gelukkig ook gekregen. Maar begrijp me niet verkeerd: ik kon bij zowel mijn ouders, broer als zus het bloed onder de nagels vandaan halen. Ik had mezelf niet graag als kind willen hebben. Ik was heel pittig, mijn wil was wet. Ik spande geregeld mijn broertje voor mijn karretje. Ik had op een gegeven moment een Nintendo DS gekregen, zo'n gamecomputer. Daar wilde hij wel heel graag mee spelen en dan zei ik: 'Nou, als je dit of dat voor mij pakt, anders mag je hier nooit meer op spelen.' Ik kon ook bijvoorbeeld dingen van mijn zusje afpakken. Als ze dan naar haar kamer rende, dan wilde ik het meteen goedmaken omdat ik me schuldig voelde. Ik zei dan wel als eerste 'sorry', maar als ze mijn excuses niet direct accepteerde, omdat ik haar echt diep gekwetst of geïrriteerd had, dan werd ik toch weer kwaad. Als ik daaraan terugdenk, dan vind ik mezelf ook heel erg naar. Ik weet niet waar dat vandaan kwam. Hoewel ik altijd heel gezagsgetrouw was, niets stiekem deed en geen geheimen had voor mijn ouders, was ik wel heel erg brutaal.

Ik denk weleens bij mezelf waarom ik dat nodig vond, terwijl ik zulke fijne ouders had die al zoveel opofferden voor hun kind. Waarom heb ik dan zo vervelend gedaan? Waarom was ik niet wat liever voor hen? Waarom heb ik die onvoorwaardelijke liefde die ik kreeg nooit gewaardeerd? Ja, ik waardeerde het wel, maar waarom heb ik daar niet naar gehandeld? Op latere leeftijd heb ik mijn verontschuldigingen aangeboden aan mijn ouders, mijn broertje en mijn zusje. Want terwijl ik binnen het gezin gewoon mezelf kon zijn, had iedereen wel last van het feit dat ik transgender was. Mijn ouders hadden nog twee andere kinderen om voor te zorgen. Tel daar mijn karakter bij op en het transitietraject, en je begrijpt hoeveel extra aandacht ik nodig had, met de ziekenhuisbezoeken, psychologen, bijeenkomsten en alles erbovenop. Als je dan wat ouder wordt en in een wat rustiger vaarwater komt, besef je hoeveel aandacht je hebt opgeëist. Was dat dan niet erg voor mijn broertje en zusje? Ik kan me daar heel schuldig over voelen.

Tijdens het schrijven van dit boek bespreken mijn moeder en ik uitvoerig onze herinneringen. Terwijl ik kritisch naar mezelf kijk, zegt mijn moeder zo nu en dan: 'O, maar je was ook zo'n lief en fijn kind.' Dus er zat gelukkig ook een andere kant aan, en het doet me goed om dat te horen. Op de momenten dat het ertoe deed, was ik het liefste kind dat er was, als ik mijn moeder mag geloven. Ze zegt dat ik een groot hart heb, en ergens weet ik dat ook wel. Ik herken mezelf daarbij in mijn sterrenbeeld: Steenbok. Ik sta absoluut voor wat ik wil en heb misschien een harde buitenkant, maar tegelijkertijd is er ook heel veel warmte en liefde aan de binnenkant. En als ik me ergens op toeleg, of als mensen eenmaal in mijn hart zitten, dan laat ik ook niet snel los. Voor sommige mensen ben ik bereid al vechtend ten onder te gaan. Een koppige maar emotionele Steenbok, dat beschrijft mij het best.

Terwijl mijn schuldgevoelens soms de overhand krijgen, is de relatie met mijn zusje Maaike en broer Thijs gelukkig heel goed. 'Jij bent echt de beste zus die we ons kunnen wensen,' zeiden ze laatst. Die woorden heb ik voor altijd in mijn hart gesloten. Mijn moeder droomde van een grote broer, iemand om Maaike en Thijs altijd te beschermen. In dat opzicht schiet ik niet tekort. Toen wij klein waren, hoefde je maar verkeerd naar mijn familie te kijken of ik brak bij wijze van spreken je benen. Zo pittig was ik wel. Eén keer heb ik een vriendje van mijn broertje op het schoolplein een klap gegeven toen hij ruzie had. Hoe hard ik Thijs en Maaike zelf ook kon behandelen, zo beschermend was ik als een ander dat deed.

Die gedreven Steenbok zie ik ook terug in mijn carrière. In mijn jaren als Lucas en Luus heb ik altijd een duidelijk doel voor ogen gehad: ik wil een vrouw worden. Nee, ik móést een vrouw worden. Het maakte me niet uit of ik een stewardess, prinses of kapster werd, maar een vrouw werd ik zeker. Dat is aan de ene kant heel fijn, want ik heb geleerd voor mijn dromen te vechten. Het nadeel van zo'n sterke toekomstdroom is dat ik als kind moeilijk in het hier en nu kon leven. Ik wilde altijd de dag van morgen, de dag dat ik eindelijk een meisje zou zijn.

# 8

# Van Lucas naar Luus

*Mirjam*

Een van de mooiste ontwikkelingen in het transitietraject was het maken van de documentaire *Van Lucas naar Luus*. Die kans kwam op ons pad via de stichting Berdache, waar ik als moeder van Luus nog steeds actief was. Zij hebben ons enorm geholpen, dus heb ik op mijn beurt geprobeerd om bij de stichting Berdache andere ouders te helpen. Zo ben ik onder meer een tijdje de telefonische hulplijn geweest, heb ik geholpen bij het organiseren van speeltuindagen voor genderdysfore kinderen, lezingen, ouderbijeenkomsten met gastsprekers en artsen enzovoorts. Er waren ook kinderen die eerder dan Luus hun operatie ondergingen, over wie wij graag de verhalen hoorden. Je kunt die ervaringen op internet vinden, al is de naam Berdache niet meer het eerste zoekresultaat dat je ziet. Een waardevolle bron is bijvoorbeeld de website www.transvisie.nl.

Wij werden niet zomaar voor de documentaire gevraagd, dat ging via een omweg. Bij de stichting kwamen verschillende verzoeken binnen van makers: of er genderdysfore kinderen en ouders waren die wilden meewerken aan televisieprogramma's, bijvoorbeeld. Toen Luus zeven jaar was, werden we uitgenodigd voor deelname aan het medische tv-programma *Vinger aan de pols*. Kelly van der Veer (de transgender vrouw uit het eerste seizoen van *Big Brother*) en een meisje uit Friesland zaten aan tafel bij Pia Dijkstra. Zij hadden een gesprek over hoe het is om transgender te zijn en wij zaten in het publiek op de eerste rij, omdat Luus nog zo klein was. Aan Luus en mij werden ook een aantal vragen gesteld. Dat was ons eerste mediaoptreden. Daar vloeide het verzoek voor de documentaire uit voort. Omdat ze ons al kenden, benaderden ze ons met de vraag: 'Zou Lucas of nu Luus het leuk vinden om hieraan mee te werken?' Aan de ene kant is dat lastig, want dan komt je verhaal plotseling de wijde wereld in. Luus daarentegen was er enorm enthousiast over. Een film waarin zij centraal stond? Ze voelde zich helemaal een filmster. Uiteindelijk hebben we er met z'n allen ervoor gekozen om mee te werken, zodat we positieve informatie konden verspreiden en konden laten zien hoe het is. Wij wilden graag dat genderdysforie bekender werd. Dat het bestaat, en dat het er mag zijn. Die documentaire is heel goed geweest voor ons. We hebben de film verschillende keren uitgeleend, er is op de basisschool gefilmd en de documentaire is daar later ook vertoond. Luus heeft 'm ook meegenomen naar de middelbare school. De film heeft een mooie verhaallijn, speciaal voor kinderen gemaakt. Het is zo open en onbevangen, echt heel waardevol.

Op een gegeven ogenblik hadden we wat minder deskundige hulp nodig en zijn we gestopt met Berdache, ook omdat Luus ondertussen bij Humanitas bij de jongerengroep terechtkon. Wij hadden onze plek in het transitietraject inmiddels gevonden en bewandelden als gezin voor ons gevoel het juiste pad. De Humanitas-groepen waren puur voor de transgender kinderen zelf. Zij gingen bijvoorbeeld op kamp samen met transgender begeleiders die hen hielpen met elkaar in gesprek te gaan. Bij de begeleiders Christiane en Denise kon Luus alle informatie krijgen als ze dat wilde. En een aantal keren bleven de ouders plakken, en dan deelden wij onze ervaringen met elkaar. Ik ben daarna niet meer zo zoekende geweest als voorheen. Andere mensen die wel nog midden in hun zoektocht zaten, kwamen dan weer bij ons met vragen uit. Zo hielpen we elkaar steeds een stap verder.

# 9

# Beschermend of verstikkend?

*Loiza*

*Hallo Loiza en Mirjam,*

*Misschien vinden jullie mijn berichtje onzin, maar ik weet echt niet aan wie ik dit anders kan vragen. Mijn vrouw Jessica en ik hebben drie kinderen. Ons middelste kind Maurits (8,5 jaar) is onderweg in het transitietraject. Dat loopt redelijk, al wordt ze als Maureen veel gepest. Ik zie dat Jessica het daar heel moeilijk mee heeft. Maar haar reactie is misschien wel schadelijker dan het pesten zelf: ze plaatst Maureen in een soort spreekwoordelijke kooi waar onze dochter bijna niet uit mag. Daar maak ik me zorgen over. Hebben jullie tips hoe ik als vader wat lucht in de relatie kan brengen?*

*Alvast veel dank,*
*Henric*

De brief van Henric bleef ons een beetje in de keel steken. Willen we hier wel over praten? Mijn moeder en ik zijn namelijk zelf altijd ontzettend close geweest. Misschien wel iets té close.

Als kind werd ik zwaar gepest: negen van de tien keer kwam ik thuis met schrammen en bulten, soms huilend, soms niet. Dan gaf mijn moeder me even een knuffel, en klaar. Mijn moeder kon de pijn die ik op dat moment had niet verdragen. Uit liefde probeerde ze alles zo snel mogelijk weer goed te maken. Ze wilde ervoor zorgen dat er direct weer een fijne sfeer in huis hing, en wilde vooral niet te lang stilstaan bij wat er was gebeurd. 'O, maar kind! Hier heb je je prinsessenjurk, trek maar gauw aan.' Dat idee. Het motto was: altijd weer doorgaan. We keken weg, we deden alsof het pesten er niet was. Maar dat was er wel, en hoe!

Dat ze de pijn wilde verdringen, heb ik haar nooit kwalijk genomen. Zonder te overdrijven kan ik stellen: mijn moeder was (en is) de beste moeder, altijd. Ik heb echt geen woorden voor hoeveel ik van haar houd. Ik weet dat ze ervaringen uit haar jeugd heeft die ervoor zorgden dat ze zielsgraag wilde dat ik geen pijn hoefde te voelen. Maar haar strijd om mij zo gelukkig mogelijk te maken, heeft wel offers gevraagd van ons allebei. Er slopen patronen in onze relatie. Elke keer als ik thuiskwam en moest huilen, dan was daar altijd wel een arm, maar we moesten ook meteen weer door. Ik voelde een noodzaak dat ik te allen tijde gelukkig moest zijn. En als de omstandigheden even niet meewerkten, dan leerde ik die omstandigheden te negeren.

Er was eigenlijk geen plaats voor de schaduw, er was geen plaats voor de rouw en het verdriet van afgewezen worden. Dat was er niet, omdat ze dat niet wilde. Soms denk ik: stel dat daar meer ruimte voor was geweest, stel dat ik dat verdriet echt had kunnen toelaten in plaats van alleen maar door te gaan? Ik vind het moeilijk daar een antwoord op te geven.

Aan de ene kant ben ik heel gelukkig met hoe ik in het leven sta en dat is ook het gevolg van hoe mijn moeder me heeft opgevoed. Ik had het eigenlijk niet anders willen doen. Aan de andere kant loop ik nu ook tegen bepaalde dingen aan die blijken voort te komen uit het feit dat mijn ouders op dit punt niet emotioneel beschikbaar waren. Dat kan ook optreden bij kinderen die bijvoorbeeld heel lang couveusebaby zijn geweest of die, terwijl ze nog in de buik van hun moeder zaten, ellende kunnen voelen die de moeder op dat moment zelf doormaakt. Dan merk je dat er iets ontbreekt. Dat 'iets' wordt 'een afwezige emotionele beschikbaarheid' tussen moeder en kind genoemd. Terwijl de band heel sterk is of kan zijn. Dat speelt bij ons. Ik denk dat ik hierdoor vanbuiten harder kan zijn dan dat ik vanbinnen ben. Ik ben niet bang voor conflicten of om op mijn bek te gaan. Maar me ontspannen als ik verdriet heb of zie? Ik geloof niet dat ik dat kan. Bij tegenslagen zal ik meestal snel reageren met: 'O, we moeten door!' Ik loop mezelf soms voorbij, omdat ik het moeilijk vind om gevoelens van afwijzing, buitensluiting of wanhoop te laten binnenkomen. Want als ik dat wel doe... gaat er dan niet iets stuk? Dat is mijn angst.

De oerkracht van mijn moeder om mij maar altijd gelukkig te maken, heeft de toon voor onze relatie gezet. We geven beiden toe dat we zijn verbonden op een emotioneel niveau dat ergens niet helemaal klopt. Als zij ook maar een beetje een naar gevoel heeft, dan pik ik dat meteen op. We zijn bijna één geworden. Dat wordt wel een symbiosetrauma genoemd en blijkbaar kan dat vaker gebeuren in onze situatie. Daar wil ik mensen voor waarschuwen. Ik denk dat wij in een valkuil zijn gelopen door mijn transitie, en door hoe we daar allebei in stonden. We willen elkaar beschermen en doen daar alles voor. Je kunt het een symbiosetrauma noemen, maar het bracht ons in elk geval in een bijna verstikkende verbinding met elkaar, want ik had altijd een vangnet. Nou ja, je kunt niet eens 'vangnet' zeggen, het was gewoon een zekeringskabel. Ik hoefde niet eens eerst te vallen, en als er ook maar íéts misging, dan was mijn moeder er. Want nee, ze liet me zeker niet vallen. Dat ging heel ver, tot en met het maken van mijn huiswerk aan toe. Niet dat ze dat voor me deed, maar ze herinnerde me op tijd aan afspraken (die ik dus ook daarom makkelijk zelf kon vergeten). Ze stond altijd klaar om de weg voor me te effenen. Die band heeft een tijdlang heel krap gezeten en dat maakte me ook bang, omdat ik weet hoe emotioneel gevoelig we zijn jegens elkaar. Daardoor meden we pijnlijke gesprekken en ervaringen liever. Natuurlijk wilde ik niet dat ze met pijn zou worden geconfronteerd, ook niet op latere leeftijd, want ik wist wat dat met haar deed. Ik wist hoe emotioneel ze kon worden als het niet goed ging met mij, dus in plaats van zelf in te storten na een nare ervaring, voldeed ik liever aan mijn 'plicht' om gelukkig te zijn.

*Dag Henric,*

*Wat goed dat je ons schrijft. Ook wij vragen ons weleens af of we andere keuzes hadden moeten maken. De tip die we je zouden willen geven: ga het gesprek aan met Jessica en Maureen samen. Als ouder mag je een vangnet zijn, maar geen veiligheidskabel. Ieder kind moet wel kunnen vallen, ook al doet dat pijn. Het hoort bij het levenspad, zo leren we nu eenmaal. Laat je kind voelen dat jullie er voor haar zijn. Bied een schouder om op uit te huilen en praat erover. Zeg niet direct: 'Maar kind, je bent prachtig! Ach, die andere mensen zijn dom.' Stel in plaats daarvan vragen: 'Waarom is dit? Wat doet dit met je? Wat voel je? Vertel het me.' Laat alle gevoelens er gewoon zijn. Relativeer en probeer het verdriet vervolgens te verzachten. Ga haar ervaring niet van meet af aan meteen bagatelliseren, wegredeneren of wegstoppen. Probeer emotioneel open te staan voor je kind en lucht in jullie relatie te brengen. Hopelijk kun je hier wat mee.*

*Liefs,*
*Loiza en Mirjam*

Bij ons stopte deze cirkel van verstikking na de transitie en na de tv-serie *Holland's Next Top Model.* Ik zat in een van mijn drie 'zwarte gaten' waarin ik depressief raakte, waarover later meer. Die tijd heeft voor een nog grotere druk op onze band als moeder en dochter gezorgd, maar ook op ons als gezin. De situatie was niet meer te houden voor mijn moeder. Ik stapte namelijk een wereld in waar ze helemaal niets van wist en erger nog, waar ze geen controle over had. En als ze geen controle kon uitoefenen op mijn geluk, hoe wist ze dan zeker dat het wel goed met me ging? De situatie werd steeds verstikkender. Want als het niet goed ging met haar, ging het ook niet goed met mij.

Ik vroeg weleens: 'Mam, wat is er aan de hand?'

En dan zei zij: 'Nee, er is niks.'

'Mam, wat is er aan de hand? Ik voel het, er is iets!' Kortom, ik deed het ook bij haar!

'Nee joh, er is niks aan de hand.'

'Mam, vertel op, wat is er?'

Onze zuurstof werd letterlijk uit de ruimte geperst als we bij elkaar waren, we waren zo hypersensitief jegens elkaar. Als Henric het dus over 'verstikkend' heeft, herkennen we dat allebei onmiddellijk.

Ik kan me voorstellen dat mensen denken dat wij een ontzettend sterk gezin zijn. Dankzij de steun van mijn familie heb ik niet alleen een gendertransitie doorgemaakt, ik ben ook nog eens topmodel geworden, wat voor veel meisjes een droom is. Zonder mijn familie was dat nooit gebeurd. En als ik het allemaal precies nog eens zou moeten doen zoals wij het gedaan hebben, dan zou ik dat opnieuw doen: alles precies hetzelfde. Ik heb sowieso niet snel spijt van dingen. Maar op dit punt, het dwangmatig gelukkig moeten zijn en het verdriet altijd maar wegduwen, daar zou ik graag zien dat andere mensen het anders aanpakken.

Wij krijgen dagelijks berichten, mailtjes, telefoontjes: 'Kunnen we jou spreken, kunnen we je moeder spreken, hoe hebben jullie het als gezin gedaan, kun je een lezing geven en mogen we je alsjeblieft bellen? Mirjam, hoe heb je dit gedaan als moeder?' En dan vertellen we ons verhaal, eigenlijk heel klinisch: 'We hebben deze stappen doorlopen, dat hebben we zo en zo gedaan.' Maar deze kleine dingen, die uiteindelijk toch heel groot worden, noemen we vaak niet.

Vanwege al die gedachten die de brief van Henric bij ons oproept, schrijf ik in overleg met mijn moeder ook een brief aan Maureen, die ik in de envelop voor Henric erbij stop.

*Dag lieve Maureen,*

*Jouw weg vinden in de wereld zal niet al te makkelijk zijn, dat heb je al gemerkt. Maar als je je eigen plan blijft volgen en op je gevoel afgaat, dan zul je de juiste weg inslaan. Verzamel mensen om je heen die je supporten, zodat je steun hebt wanneer je onzeker bent. Een meer concrete tip kan ik je niet geven.*

*Erachter komen wat het beste voor jou is, is een proces. Wees niet te hard voor jezelf. Naarmate je ouder wordt, zal de wereld je misschien beter begrijpen. En zelfs als dat niet zo is, zul jij de reacties van anderen beter kunnen relativeren. Als je nu niet snapt waarom anderen zich soms naar gedragen, is dat logisch. Geniet van de steun die je van je ouders krijgt, en probeer niet te veel met de dag van morgen bezig te zijn.*

*Vertrouw op jezelf.*

*Veel liefs,*
*Loiza*

# 10

# Patronen van moeder op dochter

## *Mirjam*

*Lieve Mirjam,*

*In alle interviews die Loiza geeft, valt me op met hoeveel liefde ze over jou spreekt. Ik heb ook interviews met jou gelezen waarin je vertelt hoeveel je van je dochter houdt, en volgens mij hoorde ik jullie er ook over in een podcast laatst.*

*Zelf ben ik in een nogal koud gezin opgegroeid. We praatten niet zoveel over emoties met elkaar. Nu ik bijna twintig weken in verwachting ben, denk ik vaak na over hoe ik mijn kinderen wel een warm thuis kan geven, zoals jij Loiza en haar broer en zus hebt gegeven. Zou je daar meer over willen vertellen? Heb jij van jouw ouders heel mooie levenslessen meegekregen?*

*Veel dank alvast,*
*Janine*

Ik heb mijn hele leven hier in Driel gewoond, in dit kleine dorpje waar Loiza ook is opgegroeid, samen met mijn eigen ouders en mijn zusje. Mijn moeder was er volledig voor mijn zusje en mij. Haar leven stond in het teken van samen met ons leuke dingen doen, heerlijk vond ik dat. Mijn vader was daarentegen een beetje afwezig, en ik zag hem lange tijd als een buitenstaander. Hij was druk met het voetbalveld, klussen en werken. Mijn ouders hadden vroeger veel ruzie. Mijn moeder heeft psychische klachten en bovendien al sinds wij klein waren last van ADHD. Mijn zusje en ik hebben daar niet bewust veel van meegekregen. De diagnose is pas veel later gesteld, dat wisten ze toen nog niet. Mijn moeder was een lieve, impulsieve vrouw. Ze kon 's morgens wakker worden en dan tegen mijn vader zeggen: 'Kom op, vandaag halen we de kinderen op en we gaan op pad!' Maakte niet uit waarnaartoe, ze wilde gewoon weer eens iets anders. Mijn vader daarentegen was juist erg terughoudend en reageerde dan altijd met: 'Dat kan niet, dat hebben we niet gepland.' Hij kon die plotselinge veranderingen niet aan en zette zijn hakken in het zand. Als klein kind snapte ik al dat mijn moeder eigenlijk met ons speelde op een manier alsof ze zelf nog een kind was. Het huishouden deed er in haar ogen niet zoveel toe. Als mijn vader vervolgens thuiskwam van zijn werk, dan was het eten niet klaar. Veel liever dan poetsen ging ze samen met ons het huis juist op z'n kop zetten. Toch kon mijn moeder ook heel goed voor ons zorgen. Ik was heel veel ziek vroeger, ik had astma, dus bij elke weersverandering lag ik een week lang ziek op de bank. Mijn moeder verwende me en dat was zo knus en kneuterig, daar heb ik goede herinneringen aan.

Eigenlijk leek ik vroeger in sommige opzichten op hoe Loiza als kind was. Ik was ook vrij dominant en kon nogal druk zijn. Ik wilde alles ontdekken, alles meemaken. Ik klom over hekken heen om achter het huis weg te komen. Mijn zusje was in die jaren precies mijn tegenpool, die was juist heel voorzichtig. Ze zei dan tegen me: 'Doe maar niet, want dan worden papa en mama boos.' Totdat ze in de puberteit kwam. Ze werd toen losbandiger, en ik juist wat rustiger. Ik werd heel erg zorgzaam jegens mijn moeder toen ik merkte dat zij psychische klachten kreeg. Als ik dan na het stappen thuiskwam, dan ging ik bij mijn moeder op bed zitten en vertelde ik haar alles wat ik had meegemaakt. Mijn zusje maakte zich in die puberteitsjaren juist helemaal los van onze ouders. Dan was ik zo gemeen, dat ging ik dan aan onze ouders vertellen: 'Mam, Judith rookt! Als ze achter de sportkantine staat, staat ze te roken, stiekem!'

Voor mijn gevoel was het gezin waar ik uit kom in de jaren dat ik thuis woonde een warme plek. Dat veranderde toen ik het huis uitging. Mijn zus was al eerder uitgevlogen. Mijn moeder, voor wie de kinderen heel erg belangrijk waren, kon niet tegen 'het lege nest'. En toen is mijn moeder psychisch ingestort. Aan mijn vader had ze niet zo heel veel, die deed zijn eigen ding. Ik ben voor mijn moeder gaan zorgen, en vanaf dat moment heb ik rotjaren gehad. Ze heeft een aantal zelfmoordpogingen gedaan en mijn zusje trok zich terug. Zo werd ik mijn moeders enige steun, die telkens weer werd opgetrommeld om haar leven in goede banen te leiden.

De jaren waarin ik drie kinderen kreeg en daarnaast de zorg voor mijn moeder droeg, waren pittig. Ze hoefde maar te piepen of ik liet thuis alles uit mijn handen vallen en ging naar haar toe. Ik belde de spoedpost voor mijn moeder, ik ging naar het ziekenhuis met mijn moeder, noem maar op. Mijn vader belde ook altijd mij op als er iets was; de beste man had geen idee wat hij met de situatie aan moest. Dat ik het net zomin wist, deed er niet toe. Iemand moest komen helpen. Ik heb daardoor wel een paar deuken en krassen opgelopen. Al dat zorgen heb ik op de automatische piloot gedaan. Het was gewoon niet anders. Op zich voelde ik me daar ook wel prettig bij. Ik ben een zorgzaam type, een moeder in hart en nieren, dat zegt Loiza ook. Toen ik kinderen kreeg, zou ik het liefst zijn gestopt met werken om er altijd voor de kinderen te kunnen zijn. Maar we hadden toen net een ander huis gekocht, dus ik moest wel een parttimebaan nemen om de eindjes aan elkaar te kunnen knopen. Maar ik heb nooit vraagtekens gezet bij het zorgen voor iedereen om me heen. Het maakte me niet uit hoeveel het van me vroeg, ik deed het met liefde.

Het duurde niet lang of de volgende uitdaging diende zich al aan: Lucas werd Luus. Hoewel het me voortdurend bezighield, kon ik de zorgen over dat proces aan de kant schuiven wanneer het nodig was. Als mijn moeder me nodig had, kreeg zij voorrang. Op de verjaardag van mijn dochter kon ik bij wijze van spreken weggaan om mijn moeder te helpen. Zij had niemand anders, terwijl Luus ook een heel goede vader had. Dit ging jarenlang zo voort, totdat mijn man op een gegeven moment zei: 'Mirjam, dit gaat gewoon niet zo, zoals jij nu alles wilt doen. Jij laat telkens je gezin vallen zodra je moeder je nodig heeft. Ze kan niet langer op de eerste plaats blijven staan, wij hebben je ook nodig!' Hij had helemaal gelijk. De kinderen laten me nu ook weten: 'Ja mam, als oma belde, dan was je weg.' Inmiddels weet ik dat ik een KOPP'er ben: een Kind van een Ouder met Psychische Problemen. Deze kinderen lopen ongemerkt een trauma op omdat ze de wereld alleen maar beleven via het probleem van de ouder. Daardoor kun je jezelf kwijtraken, dan weet je niet meer wie je bent. Toen ik een jaar geleden met een burn-out thuis kwam te zitten, heb ik daar de klappen van gevoeld. Ik volgde toen EMDR-therapie, en dat heeft wel geholpen om het trauma te verwerken.

Dat is hoe ik ben opgegroeid. Aan de ene kant voelt het alsof ik een heel leuke warme jeugd heb gehad, aan de andere kant waren er genoeg problemen. Therapeuten willen daar graag in graven, maar ik zie ook dat mijn moeder een echt lieve vrouw is aan wie ik veel steun heb gehad, zeker ook bij de transitie van Luus. Mijn moeder heeft het moeilijk gehad in haar leven, ook met haar eigen ouders. Dat ik daar een tik van heb meegekregen, laat zich niet ontkennen.

In de periode dat wij samen met Luus haar transitietraject in gingen, was er logischerwijs minder tijd en aandacht voor onze andere twee kinderen. Toch hebben we geprobeerd om Maaike en Thijs een zo normaal mogelijke jeugd te geven. Ze zeggen dat ze er niet echt last van hebben gehad, maar ze weten ook niet hoe het anders zou zijn geweest, natuurlijk. Ik zag wel dat ze, naarmate ze ouder werden, steeds meer merkten dat Luus altijd erg aanwezig was en vaak de confrontatie uitlokte. We hadden daar op een gegeven moment een gesprek met Thijs over. 'Mam, dat jullie dat ook pikken, dat Luus zo uitdagend, zo aanwezig is en altijd de confrontatie wil aangaan. Is dat wel goed?' vroeg hij ons dan. Ik probeer daar zo eerlijk mogelijk over te zijn; ik denk dat dit gedrag door mij komt. In de hele opvoeding heb ik een dominante rol gehad. Ik heb zelfs een keer tegen Theo gezegd: 'Laat de opvoeding van dat kind maar aan mij over.' Hij is toen heel boos op mij geworden. 'Hoezo? Dat kind is ook mijn kind!' hoor ik hem nog roepen. Ik zei: 'Jij kunt dat kind niet opvoeden, want je wordt altijd alleen maar boos en er is geen begrip van jou en...' Alle boosheid rondom de situatie met mijn eigen moeder komt op zulke momenten naar boven.

Wij wisten op dat moment nog niet dat Luus ook ADHD had. Ze was daardoor een druk en aanwezig kind, dat de uitdaging aanging, dat confrontaties wilde, dat haar zin wilde doordrijven. Ook als ze de rest van het gezin tegenover zich had. Wij vieren en zij stonden dan bij wijze van spreken tegenover elkaar. Het móést gaan zoals zij wilde. Dat maakte de situatie er niet makkelijker op.

Een psycholoog in het VUmc raadde ons aan om in gezinstherapie te gaan, los van het transitietraject. In een gewone gezinsconstellatie heb je de ouders die bepalen wat er wel en niet gebeurt. De kinderen staan daaronder, die volgen. Het is normaal dat kinderen zo nu en dan tussen de ouders in willen komen staan, dat ze ook van alles willen bepalen. Maar volgens het VUmc probeerde Loiza een stapje verder te gaan: de psychologen stelden dat Loiza het liefst bóven ons wilde staan. Theo wilde zulke gezinstherapie wel, maar ik reageerde met: 'Kom op, dat gaan we niet doen, we kunnen dit zelf wel!' Ik denk dus dat ik in de opvoeding van Luus een heel dominante factor ben geweest. Met zo'n gezinstherapietraject was ik bang dat zij veel problemen zou maken. Daar wilde ik mezelf en haar voor behoeden. Ik wilde koste wat het kost Loiza pijn besparen en er zelf alles aan doen om haar een gelukkig leven te bieden. Ik was bang dat ze het al moeilijk genoeg zou krijgen. Of dat een verstandige zet van me was, dat waag ik nu wel te betwijfelen.

Ik heb zo nu en dan ook last van schuldgevoelens omdat ik mijn andere twee kinderen heb meegetrokken in mijn drang om alle zorg op me te nemen. Over de dominante plek die ik Loiza toestond in te nemen, waardoor de andere twee kinderen en mijn man minder aandacht van mij kregen. Voor mijn gevoel heb ik ze achtergesteld. Zij zeggen deze jaren niet op die manier te hebben ervaren, maar mijn gevoel vertelt een ander verhaal. Ik denk dat het anders had gekund. Alles in mij stond in het teken van Loiza beschermen. Zij zou een zwaar leven krijgen. Loiza werd geboren als Lucas, maar dit arme jochie wilde een meisje zijn. En daar was mijn levensopdracht: dit móést goed gaan en ik was degene die daarvoor moest zorgen.

Soms denk ik terug aan waar dit allemaal vandaan komt. Dan denk ik aan mijn oom. Door hem heb ik van dichtbij meegemaakt hoe het is om nooit jezelf te mogen zijn. Mijn oom, de broer van mijn moeder, was homoseksueel. Hij is door zijn vader, die bovendien alcoholist was, enorm afgewezen vanwege zijn seksuele voorkeur. Mijn oom heeft uit wanhoop een relatie met een meisje geprobeerd. Hij is werkelijk doodongelukkig geworden en heeft zichzelf, vrij jong nog, opgehangen. En het waren mijn oma, mijn moeder en ik die hem vonden. Dat doet wat met je. Luus was op dat moment vijf jaar oud. Toen dacht ik bij mezelf: dit gebeurt er dus als een kind niet alle aandacht krijgt, als niemand ervoor zorgt dat het gelukkig wordt; dat laat ik met mijn kinderen niet gebeuren. Hier zit een pijn in mijn ziel die ik jarenlang niet heb willen zien, maar die wel veel in mijn leven bepaalt.

Mijn moeder is min of meer hetzelfde overkomen als mijn oom. Zij is eigenlijk nooit geaccepteerd zoals ze is, en ze is hier psychisch enorm van in de knoop geraakt. Deze voorbeelden hebben mij gevormd. Mijn moeder en mijn oom zaten steeds in mijn hoofd als ik naar Lucas keek die Luus wilde zijn. Ik wist zeker: als dit kind niet goed wordt begeleid, dan gaat ze die kant op. Dat wil ik niet. Ik wil dat dit kind stabiel kan opgroeien. En ja, daar heb ik letterlijk álles voor gedaan. Ik vind het soms weleens lastig, want daardoor heb ik bepaalde keuzes gemaakt. Erop terugkijkend had ik sommige dingen anders willen doen, hoewel ik merk dat mensen respect voor mijn inzet hebben. Het is zeker waar: ik heb er alles voor gedaan en gegeven om Luus gelukkig te maken.

Dan denk je dat je alles wel gezien en gehad hebt, maar dat viel tegen. Ik heb een zware heupoperatie gehad, zeventien jaar geleden. De kinderen waren nog klein toen ik heupproblemen kreeg en bleek dat ik heupdysplasie had. Ik mocht na die operatie acht weken niet lopen, en ik moest soms de hulp van de kinderen inroepen als mijn man was werken en ik bijvoorbeeld wilde douchen. Dan moesten zij mijn benen afdrogen, de rest kon ik zelf. Zeven jaar geleden heb ik schildklierkanker gehad. Daardoor lag ik in april 2014 zelf in de operatiekamer, terwijl we nog volop in de nasleep zaten van Loiza's operatie een halfjaar eerder. In mijn hoofd was ik alleen daarmee bezig; ik gaf mezelf geen ruimte om aan míjn gezondheid te denken.

In vogelvlucht gebeurde er na de operatie van Loiza veel tegelijk. Ze was eindelijk wie ze graag wilde zijn: een mooie, lieve vrouw. Toen kwam *Holland's Next Top Model* en dat was in alle opzichten een ongelofelijk hoogtepunt. Maar naast prachtige momenten uit deze tijd, volgden er ook nieuwe dieptepunten. Loiza zat diep in de put (waarover later meer) en ik was ten einde raad. Die periode kwam gelukkig ruim drie jaar geleden tot een einde. Vanaf toen ging het op alle fronten beter met ons. Juist op dat moment kwam de grote klap: een burn-out. Dat gebeurde mede door stress op werkgebied, maar er was meer aan de hand. Uiteindelijk kwam tijdens gesprekken naar boven dat mijn gevoel van uitputting ook door mijn privéleven kwam. Ik kon het gewoon niet meer op een rijtje krijgen in mijn hoofd. Ik kon het niet meer overzien, ik kon het niet meer.

Jarenlang ben ik meer dan druk geweest en heb ik alles gedaan wat nodig was: het huishouden, de boodschappen, de kinderen, mijn moeder, het traject van Luus. Nooit had ik ergens last van. Nou ja, 's avonds zat ik weleens doodmoe op de bank. Maar verder ging het wel. Totdat ik een jaar geleden in één keer door het ijs zakte. De grote vraag die dan overblijft is: wat nu? Wat moet ik nu, wat wil ik nu? Ik heb eerst geprobeerd mijn ervaringen met mijn oom en mijn moeder te verwerken met therapie, en nu probeer ik uit te zoeken hoe ik de volgende fase van mijn leven ga inrichten.

Met mijn moeder gaat het nu gelukkig goed. Ze heeft mij nu veel minder nodig. Hetzelfde geldt voor Loiza, Maaike en Thijs. Ik hoef niet meer voor hen te zorgen, zoals dat gaat met volwassen kinderen. Ik hoef er alleen maar te zijn als ze me een keer nodig hebben, wat me de ruimte geeft om op mezelf te focussen. De grootste verandering probeer ik door te voeren op werkgebied. Ik werk op de administratie van een mbo/vmboschool, maar ik kom eigenlijk uit de horeca. Dat werk heb ik vanaf mijn vijftiende gedaan, tot ongeveer zeventien jaar geleden. Door een heupdysplasie mocht ik het horecawerk niet meer doen, wat ik ontzettend jammer vond. Mijn hart en ziel liggen in ervoor zorgen dat mensen een leuke tijd hadden in restaurants, op feesten of op partijen. Ik heb zelfs ooit nog het plan gehad om samen met een toenmalig vriendje zelf iets op te bouwen in de horeca, omdat ik dat werk zo fijn vind. Maar die relatie ging uit en daarna kwam Theo in mijn leven. Hij heeft gewoon een baan van negen tot vijf, terwijl ik heel veel avonddiensten draaide. Daarom wilde ik graag een baan in de horeca waarbij ik alleen overdag werkte, zodat we de avonden en de weekends tijd hadden om samen te besteden. Zo kwam ik bij Defensie in de keuken terecht, waar ik een aantal jaren als kok werkte.

Toen ik werd afgekeurd vanwege mijn heupproblemen kon ik me via het UWV laten omscholen tot administratief medewerker. Dat was gelukkig een schot in de roos.

Mijn huidige baan is ideaal te combineren met mijn zorgtaken. Ik heb op woensdag en vrijdag vrij, en mijn drie werkdagen zijn om vier uur 's middags afgelopen. Ik heb twee gouden collega's met wie ik alle lief en leed kan delen; niet alleen met betrekking tot mijn moeder, maar ook het hele proces van Luus. Zij hebben kinderen in dezelfde leeftijd. Ik geniet van het werk, maar toch mis ik de horeca. Urenlang achter de computer zitten is nu eenmaal niet mijn ding. Ik ben nog steeds zoekende. Hoe en in welke vorm, dat ga ik uitpluizen. Wat is mijn volgende stap? Waar wil ik naartoe?

Theo is echt een man uit duizenden, en het is ongelofelijk hoeveel steun ik aan hem heb gehad. Ik geloof niet dat ik nu de kinderen de deur uit zijn in een donker gat zal vallen en het pad van mijn moeder zal volgen. Toen haar kinderen zelfstandig waren, kon zij niet bij haar man terecht voor steun. Ik kan dat gelukkig wel bij Theo. Hij en ik hebben het hartstikke goed samen. Maar ik ben wel heel erg op zoek naar wat ik nu met mijn tijd wil doen, vooral ten aanzien van het werk, maar ook op andere gebieden. De EMDR-therapie heeft me heel goed geholpen. Het belangrijkste is dat ik nu goed voor mezelf ga zorgen, dat weet ik nu.

*Dag Janine,*

*Gefeliciteerd met de komst van je baby! Ik hoop dat alles goed gaat en dat jullie enorm van jullie kindje kunnen genieten.*

*Ik heb geen gouden tips, ik ben op mijn beurt gevormd door mijn achtergrond en maakte op basis daarvan de keuzes die ik heb gemaakt. Soms ben ik te zorgzaam geweest, soms te beschermend, en soms heb ik niet goed genoeg opgelet om goed te kunnen inschatten wat ik het best kon doen. We maken allemaal fouten.*

*Blijf sturen op basis van de liefde die je voor je kind voelt. Als je dat doet, kan er niet veel fout gaan – tenminste, dat is zoals ik het zie.*

*Veel liefde toegewenst.*

*Groet,*
*Mirjam*

# 11

# Pestgedrag op de middelbare school

*Loiza*

*Dag Loiza,*

*Mijn naam is Anne en ik vind je fantastisch! Ik bekijk alles op YouTube over je, en volg je elke dag op Instagram. Ik ga in september naar de middelbare school. Kun je mij tips geven? Ik ben bang dat ik gepest ga worden, omdat ik er nog niet uitzie als een 'echt meisje'.*

*Anne*

Deze vraag van Anne is een van de meest gestelde vragen die wij krijgen. Op de basisschool is er nog een soort veiligheid, maar de middelbare school is een stuk groter, de kinderen zijn groter, sterker en brutaler. De stap naar de middelbare school is voor veel genderdysfore kinderen een Mount Everest om tegen op te kijken. Hoe pak je dat aan? Dit werd wederom helemaal voor me geregeld door mijn moeder. Ik zat in groep acht en ik ging naar open dagen, 'scholen kijken', zoals schoolverlaters dat doen. Ik vertelde mijn moeder over de school die me leuk leek, en mijn ouders gingen er vervolgens naartoe om te praten. Zij stelden vragen zoals: 'Wat kunnen jullie als school betekenen en waarborgen voor onze dochter, voor haar veiligheid? Hoe is jullie pestbeleid? Hebben jullie daar een zerotolerancebeleid in? Hoe zit dat bij jullie?' Kun je je voorstellen dat de leiding van één school reageerde met: 'Ja, sorry, als Luus straks na schooltijd op het schoolplein wordt gepest of in elkaar geslagen wordt, dan kunnen wij er niets aan doen.' Die school werd het dus niet. Uiteindelijk vonden we er een waarvan de leiding met ons wilde meedenken: hoe kunnen we het verhaal van mijn transitie het best vertellen?

Naar de middelbare school gaan is sowieso altijd heel spannend. Ik kwam zelf van een heel klein veilig dorpsschooltje, een plek waar iedereen elkaar kende en mijn verhaal helemaal geen issue meer was. Tel daar de veilige thuissituatie met mijn ouders bij op en de overgang naar de nieuwe situatie was gewoon groot.

De keuze viel op een school in Arnhem, en voor mij was dat 'de grote stad'. Het lieve, kleine en simpele bubbeltje waar ik in leefde moest ik gaan verlaten. Ik kreeg een mentor aangewezen, en zij werd mijn stabiele basis tijdens deze spannende tijd. Ik ontmoette haar voordat de middelbare school van start ging. Ook hier had mijn moeder, samen met de mensen van school, voor een gespreid bedje gezorgd – waar ik haar heel dankbaar voor ben, want dat zijn dingen waarvan ik zeker weet dat het een opgave is geweest. Ze had me ook op de eerste de beste school in de buurt kunnen droppen, maar dat deed ze niet.

Met mijn mentor spraken we een strategie af hoe we de onderwerpen 'genderdysforie' en 'transgender' in de klas zouden introduceren. Het plan was als volgt: de eerste twee weken ben ik gewoon Luus. Gewoon een brugpieper, net zoals de andere meisjes in de klas. Het idee was dat de kinderen en de docenten me leerden kennen zoals ik was, zonder vooroordelen. Na twee weken zouden we alle eerstejaars bij elkaar roepen en de documentaire *Van Lucas naar Luus* laten zien. Zo gezegd, zo gedaan. Na de documentaire konden mijn klasgenootjes vragen stellen. Dat was zo'n *power move*! Ik kan niet in woorden uitdrukken hoeveel dat heeft betekend. De kinderen zagen onmiddellijk mijn kwetsbare kant. Die documentaire is natuurlijk bijna kinderlijk eenvoudig, alles wordt heel duidelijk uitgelegd. Daarna volgden de vragen. Mijn vader zat naast me op het podium om mij te ondersteunen, samen met een vriendinnetje dat ik in de eerste twee weken al had leren kennen en aan wie ik het verhaal al had verteld. Moet je je voorstellen hoe ik daar zo voor al die andere eersteklassers in de aula zat. Ik voelde me enorm kwetsbaar. Op dat moment leerde ik dat ik zodra ik eerlijk, kwetsbaar en oprecht was het respect vergroot dat mensen voor me hebben. Begrijp me niet verkeerd, ik kan en kon voor mezelf opkomen en ik was beslist geen katje om zonder handschoenen aan te pakken. Vaak was mijn houding: als jij mij niet accepteert, dan dwing ik het respect wel af. Maar dat moment leerde me dat ik niet altijd hard hoefde te zijn en niet hoefde te vechten om veilig te zijn. Juist door dat kwetsbare, kleine meisje naar boven te halen, kon ik verbinding maken met andere leerlingen en een plek voor mezelf creëren in de klas.

*Dag Anne,*

*Wat goed dat je me schrijft en om tips vraagt. Ik was ook heel bang toen ik naar de middelbare school ging. Gelukkig heb ik een lieve vader en moeder die een paar dingen voor me hadden geregeld. Ik hoop dat jouw ouders dat ook voor jou kunnen en willen doen. We hebben een school gevonden die een goed beleid heeft op het gebied van het tegengaan van pesten, een die weet hoe belangrijk veiligheid is voor alle kinderen. Misschien kunnen jullie samen naar een school zoeken die goed voelt voor jou. Nog voor de eerste schooldag begon, heb ik met mijn mentor gesproken en een plan gemaakt over hoe we de klasgenoten en andere kinderen zouden gaan informeren. Ik weet zeker dat ook jij een lieve mentor en nieuwe vriendjes en vriendinnetjes zult vinden.*

*Wees niet bang jezelf te zijn bij nieuwe kinderen,*
*uiteindelijk zullen zij jouw moed waarderen.*
*Ik wens je een goede start op jouw nieuwe school.*

*Heel veel liefs,*
*Loiza*

Mijn moeder en ik hebben zoveel brieven en berichtjes ontvangen over transgender kinderen die gepest worden, die zijn niet te tellen. Pesten, treiteren, jennen, mishandelen, mensen die het niet accepteren dat je anders bent – ik heb het er helemaal mee gehad. Soms zijn het zelfs geen kinderen die ons benaderen, maar volwassenen die bijvoorbeeld regelmatig aangevallen worden. En soms is de situatie zo schrijnend dat mijn hart breekt. Ik wil je daarom graag nog één brief laten lezen, eentje die mij in het bijzonder raakte, een waardoor je beseft dat je nooit kunt weten wat er zich bij anderen achter de schermen afspeelt.

*Hoi Loiza,*

*In* Holland's Next Top Model *vond ik je al supergoed, je straalt zoveel zelfvertrouwen uit! Ik hoop dat je mijn dochter Zilla kunt helpen. Ze is veertien jaar oud en een heel mooi meisje. Op haar middelbare school wordt ze stelselmatig gepest, zelfs zo erg dat ze nu is ingeschreven bij de psychische opvang. Ze is transgender, en wordt daar keer op keer voor afgerekend. Ze wordt mentaal, maar soms ook lichamelijk gepest, bijvoorbeeld tijdens gym. Daardoor is haar zelfvertrouwen nu beneden nul. Als jij op televisie verschijnt, zie ik haar vol interesse aan de buis gekluisterd zitten. Ik zou zo graag zien dat mijn dochter net zoveel zelfvertrouwen heeft als jij. Ik vind dat zo knap, zeker nadat je zelf zoveel hebt meegemaakt.*

*Heb je tips voor haar? Ik hoop echt dat je me kunt helpen.*

*Met vriendelijke groet,*
*Myrna*

Dames en heren, schoolleiders en docenten, laat het volgende goed bezinken: 'Op haar middelbare school wordt ze stelselmatig gepest, zelfs zo erg dat ze nu is ingeschreven bij de psychische opvang. [...] Ze wordt mentaal, maar soms ook lichamelijk gepest, bijvoorbeeld tijdens gym. Daardoor is haar zelfvertrouwen nu beneden nul.' Iemand die zo psychisch en lichamelijk mishandeld wordt... Hoe kan ik haar moeder advies geven? Ik weet hoe mensen soms tegen mij opkijken en vinden dat ik zelfverzekerd overkom, maar dat is niet vanzelf gegaan.

Ik kan nu natuurlijk heel filosofisch advies gaan geven over dat je in jezelf moet geloven. Maar ik heb ook perioden gehad waarin ik dat helemaal niet deed. En die perioden zullen er misschien ook wel weer komen. Vanuit een soort van maatschappelijke verplichting en uit lotsverbondenheid wil ik graag anderen helpen. Ik heb net zoals mijn moeder een drang om mensen te helpen. Maar toch vind ik het moeilijk om hier antwoord op te geven. Ik wil niet met clichés gaan gooien, want dan plaats ik mezelf weer terug in die positie van toen het mij overkwam... Op dat moment had de hele wereld met alle clichés kunnen komen, maar daar had ik niets aan gehad. Zo is het ook met Zilla. Zelf heb ik drie perioden gehad die gekenmerkt worden door depressieve gedachten. 'Mijn drie zwarte gaten' noem ik ze ook wel. Uit de brief lees ik dat Zilla waarschijnlijk ook in zo'n zwart gat zit. Het enige wat je dan kunt doen is geduld hebben. De tijd zal het leren. Ook dat is weer een cliché, maar wel eentje waar ik veel ervaring mee heb. Uiteindelijk gaat ook dit voorbij.

*Lieve Myrna en Zilla,*

*Ja, dit pesten is mij ook overkomen, ik herken het. Weet dat ik niet met het zelfvertrouwen dat ik nu heb geboren ben. Waar jij nu doorheen gaat, Zilla, kan aanvoelen als stormen doorstaan. Stormen die voelen alsof ze nooit voorbijgaan. Het enige wat ik kan zeggen is: blijf alsjeblieft praten. Ga jezelf niet wegstoppen en denk nooit dat je er niet mag zijn. Want dat is een leugen. Praat over wat je voelt en heb geduld met jezelf. Zit de storm uit. Ik weet dat dit, deze klotesituatie níét aan jou ligt, lieve Zilla. Het gepest en getreiter, het ligt allemaal niet aan jou.*

*Lieve allebei, ik kan alle clichés uit de boeken halen om hier een heel mooi verhaal over te vertellen. Maar het leven is niet altijd mooi, het kan soms ontzettend lelijk zijn. En het enige wat ik kan zeggen is: zit de tijd uit. Eigenlijk is dat alles wat ik je kan meegeven. Ook jij zult de storm overleven.*

*Heel veel sterkte,*
*Loiza*

Voor alle duidelijkheid, ik wil glashelder stellen dat ik pesten niet goedkeur en ik wil ook niet dat mensen die gepest worden als een passief slachtoffer afwachten tot het overgaat. Maar besef dat er heel weinig is wat je er zelf tegen kunt doen. Het nare gedrag van anderen ligt vaak buiten onze controle, en dat vind ik iets heel ergs. Ooit had ik wel het idee dat ik iets aan dat pesten kon doen. Als ik nu maar naar goeroes luisterde, naar mensen die vol autoriteit antwoord gaven op de vraag hoe je voor jezelf kunt opkomen zodat je niet meer gepest wordt, dan zou het goed komen met me. Dan zou de zon weer gaan schijnen. Maar dan komen ze altijd met adviezen die niet werken, met als gevolg dat ik dacht dat ík iets fout deed. Je kunt vaak niets aan het pestgedrag van anderen veranderen, hoe erg het ook is. Maar doordat mensen altijd zeggen dat je er wél iets aan kunt veranderen, krijg je het idee dat je iets verkeerd doet en dan voel je je nog ellendiger.

Ik zal wat meer vertellen over hoe ik hierdoorheen ben gekomen, in de hoop dat dit anderen helpt. Vechten, strijden en van me af bijten heeft er bij mij altijd in gezeten. Ik had mazzel met mijn lieve vriendinnetje, die ik op de havo ontmoette. Haar naam was Leona en wij waren samen 'Leona en Luus'. We kleedden ons een beetje goth, met zwarte kleren en veel zwarte mascara. Wij pestten nooit mensen, maar ik denk wel dat bepaalde leerlingen uit andere klassen bang voor ons waren. Het was glashelder dat je niet met ons moest sollen. Wij namen het ook op voor de leerlingen die gepest werden, want daar kon ik niet tegen. Het riep herinneringen op aan nare ervaringen uit mijn tijd op de basisschool. Ik liet niet met me sollen, en dat kwam voort uit een bepaald overlevingsmechanisme dat ik mezelf heb aangeleerd.

Op een gegeven moment hoorde ik van een klasgenootje dat een jongen me achter mijn rug om Lucas of 'man' noemde. Leona en ik gingen er in de pauze met z'n tweeën op af. Het bleek een grote gozer te zijn. Daar stonden we dan: twee meiden die veel te dicht bij hem kwamen. 'Wát heb je gezegd? Heb jij dit gezegd?' We ondervroegen hem totdat hij niet meer durfde te ontkennen. 'Ja, dat heb ik gezegd, dat was ik.' *Bam!* Een klap erop, met mijn vuist in zijn buik. En toen kwam Leona erachteraan. *Bam!* Nog een klap erop. Zo hadden we dat opgelost. Zo'n situatie kwam daarna dus niet meer voor.

Ik werd op het matje geroepen bij mijn mentor. Ik had natuurlijk iemand een klap verkocht, niet omdat ik wilde pesten, maar omdat ik me moest verdedigen. Een klap geven was grensoverschrijdend, dat ging te ver, en dat was ook wel te begrijpen. En toen kwam ik daar bij mijn mentor, dat zal ik ook nooit vergeten, wat een fantastische vrouw was dat! Ze zei tegen mij: 'Luus, wat heb je gedaan? Als leraar en als mentor kan ik dit echt niet goedkeuren. Maar als vrouw en als mens zeg ik: goed gedaan!' Ik zal nooit vergeten dat zij zo eerlijk was. Ik kreeg natuurlijk wel straf; ik moest kauwgom verwijderen en nablijven, want het kon natuurlijk echt niet. Maar zij zag ook dat het een bepaalde waarde heeft als je je grenzen aangeeft en duidelijk laat merken dat daar consequenties aan vastzitten.

Ondanks mijn pogingen een stoere houding aan te nemen, was ik vaak het mikpunt van pesterijen. Ik heb klappen opgelopen en ik ben ook weleens in de speeltuin van de schommel afgetrokken. Moet je voorstellen: ik zat als klein meisje op de schommel en de jongen die voor me kwam staan, pakte me met huid en al bij mijn kraag. Hij greep me letterlijk bij mijn nekvel. Hij trok me van die schommel af en zodra ik op de grond lag, bleef hij me vasthouden en knijpen. De huid op de plekken waar hij me vastgreep was helemaal kapot, zijn nagels stonden er duidelijk in. Dat was al heel heftig. Maar nog een tandje heftiger bleek ook mogelijk.

In de tijd van de middelbare school (maar niet op school zelf) is het allerergste incident geweest waarbij iemand anders me te grazen nam. Tot bloedens toe. Vanaf mijn vroege kindertijd was ik heel voorzichtig om het dorp in te gaan, naar de speeltuin of het parkje, want ik kwam meestal met bulten en schrammen thuis. Door het pestgedrag van andere kinderen zat ik liever binnen met poppen te spelen. Toen ik naar de middelbare school ging, kreeg ik in Arnhem een nieuw leven waarin ik wel meer naar buiten ging, vaak samen met Leona. Het was voor mij tijd om de wereld te ontdekken. Hier in Driel bleef voor mij de tijd stilstaan en het pesten bleef maar doorgaan. Ik was daar dus niet graag. Mijn zusje wel; zij had vriendinnen in het dorp en ze trokken er echt samen op uit. Zij had een vriendengroep met wie ze ’s avonds naar buiten ging en kreeg vriendjes. Dat had ik niet in het dorp, maar wel in Arnhem.

Het incident vond plaats toen ik ongeveer dertien jaar was. Leona kwam na school mee naar mijn huis, en we liepen een grasveldje op waar een paar van mijn vriendinnetjes van de basisschool zaten. We zaten daar lekker te chillen toen er een stel jongens op ons afkwamen en mij begonnen uit te schelden. Toen ik een jaar of negen was, lukte het me niet altijd om van me af te bijten, maar dat was inmiddels wel anders. Ik liet me niet langer bang maken!

Een van die knullen begint te schelden met ‘Lucas’ en

‘manwijf’. Hij had bij mij in de klas gezeten op de basisschool. Toen had hij me nooit echt gepest, maar daar op dat grasveldje, met een paar van zijn vrienden van zijn middelbare school erbij, was ik opeens een interessant verhaal, een kans voor hem om stoer te doen tegenover zijn vrienden die hij meegenomen had naar het dorp. Mijn verdediging werd op dat moment een felle aanval. Eigenlijk schaam ik me achteraf nog steeds voor mijn reactie. Deze knul had net zijn moeder verloren, dat wist ik, ook dat zijn moeder al langer ziek was. Op een gegeven moment riep ik uit woede iets terug over zijn moeder, ik zou niet eens meer weten wat. Hij leek wel een kruitvat, hij ontplofte! Niet te filmen... Ik weet het nog heel goed dat ik op dat moment dacht dat ik zoiets helemaal niet mocht zeggen. Zo was ik eigenlijk niet. Maar goed, hij had me zo kwaad gemaakt, dus die opmerking floepte eruit. Hij pakte een stok en sloeg me daarmee hélemaal kapot. Hij was zo verschrikkelijk kwaad dat niemand hem meer kon stoppen. Hij ging maar door. Ik werd zwaar mishandeld door hem. De striemen stonden in mijn gezicht, mijn huid was gespleten, er was overal bloed. Het was echt heel heftig wat daar gebeurde.

Toen ik thuiskwam met die wonden, met al dat bloed op mijn lijf en in mijn gezicht, was er voor mijn vader een grens bereikt. Mijn vader is een temperamentvolle man, ik lijk ook heel erg op mijn vader. ‘Nu trek ik het niet meer,’ zei hij toen hij me zag, en hij stormde naar buiten. Mijn moeder schoot als een speer achter hem aan. ‘Theo, doe het niet, Theo, doe het niet, kom terug!' Maar mijn vader had een waas voor ogen. Hij pakte twee jongens bij de kraag en tilde ze met de voeten van de grond omhoog. 'Wát hebben jullie gedaan met mijn dochter?!' Hij was zo boos en in zijn boosheid had hij zoveel kracht dat hij ze op dat moment gemakkelijk met de koppen tegen elkaar had kunnen slaan. Tegelijkertijd besefte hij ook dat hij dat absoluut niet mocht doen, en hij liet ze uiteindelijk gaan.

Zilla, Anne en al die anderen die mij schrijven over hun angst voor pesten zijn niet voor niets bang. Ik bagatelliseer mijn pestervaringen vaak in gesprekken over mijn verleden. Het wordt vaak kort benoemd – 'ja, ik werd behoorlijk gepest' – en daarna gaat het gesprek verder. Ik heb geleerd niet te lang te blijven stilstaan bij ellende en verdriet. Mijn analyse is dat ik daar niet zoveel bij voel, omdat ik dat niet mag van mezelf, want ik heb geluk gehad met mijn ouders en niet iedereen kan dat zeggen. Ik heb geluk gehad met het gezin waarin ik ben geboren en ik heb geluk gehad met mijn leven. Ik weet dat ik in veel opzichten bevoorrecht ben. Toch zijn er echt wel heel heftige momenten waarop ik werd gepest vanwege wie ik ben, en dat mogen anderen best weten. Als ik dat toelaat, kan ik daar ook nu nog emotioneel van worden.

# 12

# De eerste vlinders in mijn buik

## *Loiza*

*Dag Loiza,*

*We hebben elkaar een keer ontmoet, daar zul je je niets van herinneren, ik stond naast je aan de bar bij De Balie bij een event van Human Rights Watch. Ik schrijf je nu omdat mijn transgender dochter Rosa laatst zei het jammer te vinden dat ze nooit een vriendje zal krijgen. Toen ik haar vroeg waarom niet, antwoordde ze dat geen enkele jongen haar ooit leuk zou vinden, omdat ze nooit een 'echt meisje' zou worden. Ze barstte vervolgens in huilen uit. Ik vond het moeilijk mijn eigen tranen te bedwingen.*

*Ik weet dat ze tegen jou opkijkt. Zou jij haar misschien een lief berichtje willen sturen, waardoor ze weer vertrouwen krijgt in haar liefdesleven? Ik gun haar zo het beste, en ik heb er het volste vertrouwen in dat ze vele mooie relaties zal krijgen, maar ik weet dat ze jouw woorden eerder zal geloven dan de mijne.*

*Ik zal je eeuwig dankbaar zijn.*

*Lieve groetjes,*
*Mandy*

Toen ik eenmaal naar de middelbare school ging, ontdekte ik dat de wereld veel groter was dan mijn kleine geliefde Driel. Samen met mijn beste vriendin Leona zat ik in een mavo/havo-klas. Zij kreeg in die tijd ontzettend veel aandacht van jongens, dat weet ik nog goed. Ik heb het nooit tegen Leona gezegd, maar dat vond ik best moeilijk. Jongens keken nooit naar mij, wel altijd naar haar. In de stad, het park, de bios, het openbaar vervoer, op school en ga zo maar door: zij was de ster.

Leona was niet bang, ze stapte overal op af en ze sprak met jongens af. Ik dacht altijd dat Leona alles durfde. Zij was een echte vrouw en jongens vonden haar duidelijk leuker dan mij, en dat maakte me best weleens onzeker. Ik was heel voorzichtig, zeker als ik met jongens de stad in ging. Met Leona heb ik ook mijn allereerste 'fris en bubbels'-feestjes gehad toen ik veertien was, van die alcoholvrije feestjes tot zestien jaar in de stad. Dan moest mijn moeder me wel wegbrengen en weer ophalen. Ik mocht nog niet ergens blijven slapen, dat kon gewoon niet. Maar Leona, die durfde dat allemaal. En zoenen! Ik zou nooit zoenen, zomaar met een leuke jongen in de stad? Zeker niet! Stel dat ze erachter zouden komen dat ik transgender was? Dat was natuurlijk een hel, daar kon ik de volgende dagen, weken, maanden of jaren nog problemen mee krijgen. Leona was vrij, maar ik zat nog steeds vast in het lijf, in het verhaal, in de vooroordelen van het transgender zijn.

Ik denk overigens ook niet dat Leona's leven vroeger makkelijk is geweest. Ik was bijvoorbeeld nooit jaloers geweest op de band die zij met haar ouders had; haar thuissituatie was toch anders dan ik gewend was bij mijn eigen familie. Ik merkte dat ze het heel lastig vond als zij kattenkwaad wilde uithalen en ik niet. Ik kon brutaal zijn, maar ik was wel gezagsgetrouw. Ik zou nooit iets doen wat écht niet mocht. Vaak vertelde ik mijn ouders hoe blij ik was dat ik hen als mijn ouders had, nadat ik bij Leona thuis was geweest. Maar Leona was wel vrij, in mijn ogen. Voor mij stond dat deel van mijn leven op pauze. Ik liet het idee van liefde niet toe, voornamelijk uit zelfbescherming. Net als ieder ander was ik bang om teleurgesteld te worden, maar daarnaast klopte mijn lichaam niet. Het was bij mij niet alleen zo dat een ander meisje misschien leuker was dan ik, ik kon ook gekwetst worden omdat ik in hun ogen misschien niet helemaal vrouw was. En dat idee vond ik te pijnlijk. Ik hield mezelf vaak op afstand als een overlevingsstrategie.

Op vakantie was dat anders, daar mocht ik van mezelf wel

verliefd worden. Ik heb op mijn veertiende voor het eerst met een jongen gezoend. Op vakantie kende niemand me en dat voelde veiliger. Het had geen consequenties. Ik was twee weken in het buitenland, misschien daarna nog even chatten op MSN en dan hield het op. Als ik terugkwam van mijn vakantie, vertelde ik Leona alles over mijn ervaringen. En ik wilde ook alles van haar horen. Wat zij allemaal uitspookte vond ik bijster interessant.

En toen gebeurde het toch: een verliefdheid die werd beantwoord! Op een gegeven moment begon ik aan het eind van het eerste schooljaar vlinders in mijn buik te krijgen, voor een jongen uit mijn klas. Laten we hem Steven noemen. Ik had het idee dat hij ook een beetje hetzelfde voor mij voelde. Dat wilde ik in eerste instantie niet toelaten, maar toen gebeurde het toch een beetje. We dansten op het schoolfeestgala en ik wist van gekkigheid niet wat ik moest doen. De gedachten buitelden door me heen. De eerste keer dat het geen vakantievriendje is! Dit is op school! Iemand die het weet, en accepteert! Hij vindt dat dus niet erg! En hij is heel lief. Ik nam hem zelfs een keer mee naar huis om hem aan mijn ouders voor te stellen. We gingen samen koken en skaten. Ik durfde het bijna niet te geloven. Ik vond het zó leuk met Steven.

Langer dan tweeënhalve maand heeft het prille sprookje van Luus en Steven niet geduurd. Wat er namelijk gebeurde – en dat maakte ik toen voor het eerst mee – is dat Steven te grazen werd genomen. Ik merkte dat hij door onze vriendschap benadeeld werd. Door met mij om te gaan, kreeg hij de volle lading. Hij werd te pakken genomen. Ik niet, maar hij dus wel. Om een lang verhaal kort te maken: ik trok me terug, omdat ik hem wilde beschermen. Dat er iemand was om wie ik op dat moment echt gaf, en die klappen kreeg omdat hij met mij bevriend was: afschuwelijk, ik kon dat gevoel niet verdragen. Ik vind dat dus heel, heel pijnlijk. Nog steeds. Om eerlijk te zijn heb ik op dit gebied faalangst ontwikkeld. Ik ben heel bang voor relaties. Stel dat ik straks samen ben met een man die daardoor zoveel ellende krijgt? Ik kan dat niet aan.

Er zit dus een diepgewortelde onzekerheid op dit vlak. En ik dacht toentertijd dat dat kleinemeisjesonzekerheid was. Want ik wilde graag dat mijn vriendje leuk gevonden werd door iedereen. En ik wilde dat we een mooi stel waren, van wie mensen blij werden als ze ons zagen. Dat kon dus niet. En dat kwam doordat de buitenwereld mij en mijn verhaal nog steeds niet accepteerde. Het is misschien raar, maar ik vond en vind dat dus heel moeilijk, ik voelde me daardoor heel kwetsbaar. Want voor mijn gevoel vormde ik een team met iemand, maar hoe kon ik iemand in mijn team hebben die moest vechten voor míjn problemen? Dan waren we geen eerlijk team meer. Ik vocht dan liever alleen. Ik kon toch niet verwachten dat iemand anders míjn strijd ging voeren? Nee, niet op die manier, niet op dat moment.

*Hoi Rosa,*

*Je moeder schreef mij een lief berichtje over jullie gesprek over vriendjes. Ik wil je graag vertellen dat transgender meisjes heel mooie relaties kunnen hebben. Er zijn genoeg lieve mensen op deze wereld die jou een geweldig, fantastisch, mooi en prachtig persoon zullen vinden. Jij zult verliefd worden op een jongen of een meisje, en diegene zal ook verliefd worden op jou. Op deze versie van jou, precies zoals je nu bent. En dat is de enige persoon die jij in je leven zult willen hebben.*

*Liefs,*
*Loiza*

# 13

# De vaderrol

*Loiza*

*Hoi Loiza,*

*Misschien herinner je je mij nog: ik heb je in het restaurant van het LUMC aangesproken toen je daar een lezing voor chirurgen in opleiding had gegeven. Ik vroeg om een selfie met je, die heb ik nog steeds als screensaver. Vind je het oké als ik je nog een vraag stel? Ik wil graag van je weten hoe het bij jou ging met je vader.*

*Mijn ouders lagen in scheiding toen ik het transitietraject in wilde gaan. Ik was toen elf jaar oud. Mijn vader het had moeilijk met de scheiding, en daar kwam dit nog eens bovenop... Als ik vroeg wat hij van mijn keuze voor geslachtsverandering vond, wilde hij daar niet over praten. Ik vind dat zo lastig. Gelukkig zie ik hem regelmatig en we gaan samen weleens kamperen. Maar erover praten? Ho maar! Hoe gaat dat bij andere vaders? Daar lees ik bijna nooit wat over. Ik worstel hier enorm mee.*

*Ik hoop dat je terug wilt schrijven.*

*Desirée*

Ik zie haar nog zo voor me staan, een prachtig meisje met steil rood haar: ze kon zo uit een Schots sprookje komen. Ze vertelde me dat ze voor zichzelf de naam Desirée had gekozen, omdat het haar wens was om als vrouw te mogen leven, dat was haar *desire*. Ik vond het een mooi idee.

De lezing in de collegezaal was een vrolijke bijeenkomst geweest, ondanks de sterke technische taal die werd gesproken door en voor de chirurgen. Daar verstond ik natuurlijk maar de helft van. Ik mocht ook spreken, en kreeg gelukkig concrete vragen gesteld. Niet alleen over de operatie zelf, maar ook over emoties die erbij kwamen kijken. Desirée viel me na de lezing al op in het restaurant. Ik heb een apart zintuig gekregen voor mensen die me iets willen vragen. Vaak durven ze het dan niet, en zo was het ook met Desirée. Ze durfde wel te vragen of ze een selfie mocht maken, maar er was meer, dat was duidelijk voelbaar.

Van een vader van een ander transgender kind hoorde ik eens de verzuchting: ‘In de hele voortplanting is mijn rol al minimaal, komt het kind eruit, blijkt ze het verkeerde geslacht te hebben meegekregen. Alsof mijn sperma niet wist wat het deed...' Probeer je dat gevoel eens voor te stellen: mijn kind heeft niet het juiste geslacht, is dat misschien mijn schuld? Die gedachte kan veel schade aanrichten. Mannen maken het elkaar trouwens ook niet altijd even makkelijk, die willen nog weleens lullige opmerkingen tegen elkaar maken. Toen ik Luus werd, kreeg mijn vader meer dan eens vervelende opmerkingen te horen. 'Ja, hoor eens, als je je zoon een pop meegeeft in bed, logisch dat het een meisje wordt,' had een collega van hem gezegd. Met andere woorden: het is jouw schuld.

Binnen onze familie hebben we het vaak gehad over de verschillende rollen die iedereen in ons traject heeft gespeeld. Mijn vader is heel beschermend geweest jegens mij. Als er mensen waren – het maakte niet uit wie – die mij 'Lucas' bleven noemen of aan mij als een jongen refereerden, dan zei mijn vader daar wat van. Keer op keer corrigeerde hij dan: 'Luus is mijn dochter, ze is een meisje. Wil je dat alsjeblieft respecteren?' En als daar moeilijk over werd gedaan, dan kon hij heel confronterend zijn: 'Leg mij eens uit: wat aan mijn dochter valt jou op als mannelijk? Wat mankeert er aan je ogen? Is dat een jongen?' In de meeste gevallen werkte dat heel goed. Hij heeft ook fysiek overwicht, hij kon (en kan) zonder te dreigen toch iets uitstralen van: met mij valt niet te spotten.

Je herinnert je misschien nog dat ik toen ik nog op de

basisschool zat vaak ruzie met mijn vader zocht. We lijken qua karakter veel op elkaar en daardoor botsten we. Later werd onze relatie zachter en hadden we altijd goed contact. Ik vond het bijvoorbeeld fijn dat hij naast mij op dat podium zat, toen we op de middelbare school alle eersteklassers informeerden over mijn transgender-zijn. Hoewel ik ook transgender kinderen ken van wie de vader (of een ander mannelijk rolmodel) hun grootste steun en toeverlaat was, weet ik ook dat niet alle vaders even goed over gendertransities kunnen praten. Soms keuren ze het zelfs regelrecht af. Maar ik durf ook te stellen dat alle vaders uiteindelijk veel van hun kinderen houden. Soms merk je dat alleen op een andere manier, zoals toen mijn vader op het podium naast mij zat die dag.

*Lieve Desirée,*

*Natuurlijk herinner ik me je nog! Je bent een schitterende vrouw, met een heel lieve uitstraling! Wat naar dat je vader er niet met je over wil praten. De rol van de vader is eigenlijk in elk gezin heel belangrijk. Als hij zich dan terugtrekt en je ook niet wil vertellen wat hij van je transitie vindt, kan ik me goed voorstellen dat je dat moeilijk vindt.*

*Er zijn geen toverstokjes die je vader gaan veranderen, maar misschien kun je kijken op welke andere manieren hij wel een lieve vader voor je is. Wat is zijn manier om te laten blijken dat hij van je houdt? Op welke momenten voel je een sterke verbondenheid met hem? Zijn dat de kampeerweekends, of zijn er misschien nog andere speciale momenten die jullie delen? Misschien kun je daar meer van doen. Probeer hem ook op jouw eigen manier te laten zien dat jij van hem houdt. Zo kan een band tussen twee familieleden sterker worden, en is een goed gesprek in de toekomst misschien wel mogelijk.*

*Veel liefs,*
*Loiza*

# 14

# Mijn eerste 'zwarte gat'

*Loiza*

*Dag Loiza,*

*Je bent mijn heldin en mijn voorbeeld. Ik ben ook op weg om een vrouw te worden en daar kijk ik enorm naar uit. Hoe ging jij op de middelbare school om met groepsdruk? Ik heb daar behoorlijk last van, hoewel ik niet zo goed begrijp waarom. De leerlingen in de klas zijn best aardig en ik word niet bovenmatig gepest, maar er is wel een bepaalde drang om er steeds bij te horen. Zo koop ik alleen kleding waarvan ik denk dat de anderen het leuk vinden, zelfs als het niet bij mij past. Waarom doe ik dat dan toch? Ik voel me dan gewoon een slappeling, maar ik weet niet hoe ik me daartegen teweer moet stellen.*

*Dit is natuurlijk een probleem van niks, maar als*

*je me aanwijzingen kunt geven, dan zou ik daar heel blij mee zijn. Dank je wel!*

*Veel succes met alles.*
*Benthe*

In het derde jaar van de havo kon mijn beste vriendin Leona het niveau niet bijhouden, en ze ging naar een andere school. Dat was voor mij de hel, want ik raakte mijn rots in de branding kwijt. Tegelijkertijd was de school verhuisd vanuit Oosterbeek naar Arnhem, waardoor ook de sfeer veranderde. Leona en ik droegen graag jeans met strakke shirtjes, het liefst met een diep decolleté, en onze ogen waren zwart van de make-up. In een bepaald opzicht waren Leona en ik een stel straatratjes. Nadat de school verhuisde liepen er een heleboel leerlingen rond in heel nette kleding, compleet met jasjes. Daar voelde ik me niet meteen thuis. Gelukkig had ik naast Leona ook wel een paar vriendinnengroepjes, een aantal meiden met wie ik goed omging. Ik had daardoor niet het gevoel dat ik er helemaal alleen voor zou staan, en dat stelde me gerust. Maar vanaf dat moment ging het helemaal niet goed.

Op de een of andere manier veranderde ik. Er zijn drie momenten in mijn leven geweest waarop ik niet meer voor mezelf kon en durfde op te komen, en dit was de eerste keer. Ik liet mezelf door mijn onzekerheid leiden en gaf anderen de macht over het stuur van mijn leven. In de vriendinnengroep waar ik in die tijd bij hoorde, bestaande uit Deborah, Mira en mijzelf, ontbrak de balans en dat voelde niet goed. De leidster in die groep was overduidelijk Deborah, en er was ook duidelijk een hiërarchie. Ik belandde onderaan en werd daardoor erg onzeker. Toch wilde ik niet buiten de boot vallen, dus deed ik mijn uiterste best om erbij te horen. Het resultaat was dat ik met een knoop in mijn maag naar school ging.

Deborah en Mira waren echte bitches; ze waren regelmatig ronduit vals en gemeen. Ze pestten andere leerlingen in de klas en gaven anderen vaak een rotgevoel. Zo wilde ik niet zijn, maar ik durfde er ook niet tegen in te gaan. Als ze me bijvoorbeeld zouden bevelen om op die stoel te gaan zitten, dan ging ik op die stoel zitten. Ik was helemaal mezelf niet meer. Ik was alleen maar bang en liet me meeslepen.

Mira had een vriendje, Joep, een regelrechte teringlijer. Die stond me een keer na school met zijn vriendengroepje op te wachten. Zij mochten mij op de een of andere manier écht niet. Volgens mij kwam dat doordat Mira en ik met elkaar streden om de aandacht van Deborah, en in plaats van een echte vriendin was ik dus concurrentie. Die keer werd ik met sneeuwballen bekogeld. Agressief, niet speels.

Uiterlijk werd ik een grijs muisje en ik deed mijn best me te gedragen en te kleden zoals Deborah. Want Deborah had het voor het zeggen. Dat waren blousejes met colbertjes, blousejes met pullovers, witte broeken en Tommy Hilfiger-schoenen. Ik veranderde echt in zo'n wannabe *prep*-kakgirl.

En laagjes, vooral laagjes, we moesten heel veel laagjes dragen. Zó erg. Ik herkende mezelf helemaal niet meer.

Ik heb me heel lang afgevraagd hoe dat kon gebeuren. Hoe kon het dat ik van 'niet met me laten sollen' zo veranderd was? Dat kwam dus door de onzekerheid en het ergens bij willen horen. Op dat moment stond ik niet in mijn kracht. Met Leona was ik mezelf en was ik vrij. En met die meiden? Alles was nep en fake. Mijn neiging om mensen te behagen kwam naar boven. Ik heb dat heel erg; niet de hele wereld hoeft me leuk te vinden, maar mensen die ik leuk vind, die wil ik ook echt wel pleasen. Daar doe ik ook heel veel voor, zelfs ten koste van mezelf.

Afijn, mijn schooljaar ging dus helemaal niet goed, mijn cijfers werden ook steeds slechter. Ik had zoveel moeite om dat schooljaar door te komen, ook al waren er natuurlijk ook leuke momenten. Maar over het algemeen was het gewoon een afgrijselijk jaar. Ik besefte aan het eind van het jaar dat ik het waarschijnlijk niet zou halen. Dat was een schok, want ik wilde niet blijven zitten. Eigenlijk wilde ik helemaal stoppen met school. Ik wist dat mijn ouders dat nooit goed zouden vinden, dus nam ik me voor om naar een andere school te gaan.

Maar mijn moeder was me al voor. Ze zag mij in deze tijd ook veranderen en voelde aan dat deze school niet langer goed voor me was, dus had ze al het een en ander uitgezocht. Het was altijd mijn plan geweest om na de havo de kappersopleiding te gaan doen. Mijn moeder kwam erachter dat ik met een overgangsbewijs van 3 naar 4 havo – wat gelijkstond aan een mavodiploma – al kon beginnen aan deze opleiding. 'Maar dan moet je wel beloven dat je echt je cijfers ophaalt voor dat overgangsbewijs,' spoorde ze me aan. Mijn moeder is echt een wonder. Zij wist altijd nog eerder dan ik wat ik wilde en wat goed voor me was. Zo gezegd, zo gedaan. Ik ging naar de kappersopleiding, met mijn vijftien jaar.

Ondertussen werkte ik ook al eens in de week op zaterdag in de kapperszaak in het dorp. Dat had mijn moeder ook alweer voor me geregeld, via een vrouw uit het dorp die ze kende. Het enige wat ik op dat moment nog hoefde te doen, was even met die vrouw praten en kijken of we elkaar leuk vonden. En ja hoor, ik had 'pats-boem' een baantje. Mama heeft al het voorwerk weer gedaan, ongelofelijk blij mee! Tijdens mijn verschrikkelijke derde schooljaar was dat werk voor mij echt mijn vlucht. School was vreselijk, maar op zaterdagen werkte ik in de kapperszaak en daar genoot ik van. Zo ging ik na dit zware jaar door naar de kappersopleiding, ook al was ik de jongste van de klas. En daar bloeide ik weer helemaal op.

*Lieve Benthe,*

*Het fenomeen 'groepsdruk' is me maar al te goed bekend. Ik heb daar in de derde van de middelbare school en later ook nog enorm veel last van gehad. Ik veranderde mijn kledingstijl, mijn gedrag, zelfs mijn normen en waarden.*

*Allemaal onder druk van een groepje klasgenotes waar ik zo graag bij wilde horen. Ik plaatste die meiden op een voetstuk, ik keek tegen ze op, ik moest van mezelf aan hun verwachtingen voldoen. Het heeft me heel ongelukkig gemaakt, maar gelukkig ook iets geleerd.*

*Als kind willen we zeker bij de groep horen, en veel volwassenen willen dat nog steeds. Het is prachtig als mensen zeggen dat je gewoon jezelf moet zijn, dat het juist goed is om anders te zijn. Maar hoe moeilijk is dat! Ergens bij horen is soms het enige wat we willen. Mensen zijn nu eenmaal kuddedieren.*

*Ik ken de fase waar je nu in zit. Ik weet dat deze fase weer voorbijgaat. Gelukkig word je niet zwaar gepest. Blijf jezelf eraan herinneren dat deze school met deze kinderen een fase is. Je zult in je leven nog zoveel leuke mensen ontmoeten, mensen die jou leuk vinden om wie jij bent. Misschien kun je soms toch kleding uitkiezen die wat meer weergeeft wie jij wil zijn, dan weten deze leuke mensen jou ook te vinden. En hoe vaker je keuzes durft te maken die goed bij jou passen, hoe sterker je in je schoenen zult gaan staan. Ik beloof je dat je dan uiteindelijk beter in je vel zult zitten.*

*Alles gebeurt met een reden, dat geloof ik echt.*

*Veel liefs,*
*Loiza*

# 15

# Puberteitsremmers en hormonen

*Loiza*

*Hoi Loiza,*

*Ik heb je een beetje gevolgd sinds je operatie en wil je graag een vraag stellen. Het gaat over mijn zusje Yvette, of eigenlijk mijn nieuwe broertje Yves. Zo wil ze zichzelf straks gaan noemen. Ik moet er zelf nog een beetje aan wennen, dus ik noem haar nu nog mijn zusje. Dat vindt ze oké.*

*Mijn zusje is nu dertien, ik ben een jaar jonger. Ze zit nu in haar transitie om straks een jongen te worden en slikt daarvoor puberteitsremmers. Het effect daarvan vond ik heel erg schrikken. Het leek alsof ik opeens geen zusje meer had. We zijn goede vrienden. We doen altijd samen aan capoeira. Zelfs wedstrijden! Maar door de puberteitsremmers was dat opeens klaar. Het leek wel alsof ze nergens meer zin in had.*

*Gelukkig wil ze de laatste tijd toch af en toe weer samen sporten.*

*Over drie maanden gaat ze met haar hormonen beginnen. Dat vind ik eigenlijk helemaal niet leuk. Ik ben bang dat ik mijn zusje weer kwijtraak. Want met die hormonen mag ze nooit meer stoppen, toch? Gaat ze heel anders worden als ze straks een jongen is?*

*Maarten, broertje van Yvette*

Ongeacht naar welke kant je een transitie maakt, het innemen van hormonen zorgt altijd voor grote veranderingen. Als je er vroeg bij bent, begint het transitietraject met puberteitsremmers slikken. Mocht je in die periode besluiten te willen stoppen met de transitie, dan kan dat. Stop je met de puberteitsremmers, dan kom je alsnog in de puberteit terecht. Maar zodra je hormonen van het andere geslacht gaat innemen, is het proces niet meer terug te draaien. Je lichaam maakt dan blijvende veranderingen door. Hormonen worden in Nederland daarom pas op je zestiende gegeven, terwijl je puberteitsremmers al vanaf je twaalfde kunt innemen. De puberteitsremmers zijn in feite een vorm van uitstel van de keuze, want op je twaalfde ben je te jong om stappen te zetten die onomkeerbaar zijn. Op je zestiende kun je die keuze beter maken.

Ik was ook zestien jaar toen ik voor het eerst hormonen ging slikken en vond het een grote mijlpaal. Ik wist dat mijn lichaam zou veranderen en dat ik het de komende tijd emotioneel nog wat zwaarder zou krijgen, maar ik besloot daar niet over te gaan zeuren. Het was eindelijk zover en ik kon niet wachten. Ik weet nog donders goed dat ik de medicatie op 10 januari voor het eerst kreeg, een dag na mijn verjaardag. Het voelde als het mooiste verjaardagscadeau dat ik kon krijgen. Mijn moeder besloot om die dag te vieren met chocoladetaart. Toen mijn zus Maaike voor de eerste keer ongesteld werd, vierden we dat ook met chocoladetaart. Ongesteld zijn en chocola: die twee dingen horen toch een beetje bij elkaar. Ik zal nooit ongesteld worden, maar het feit dat ik een beetje meer vrouw werd door de hormonen, dat vroeg om taart. Ik ging tenslotte wel de vrouwelijke puberteit in.

*Hoi Maarten,*

*Dank je wel voor je brief. Wat lief dat je zo bij het proces van Yvette betrokken bent, en dat je haar niet kwijt wilt raken als zij straks Yves wordt. Toen ik startte met de hormonen, ben ik behoorlijk de vrouwelijke puberteit in geschoten, gekatapulteerd kun je wel zeggen. Huilen om de meest onbenullige dingen, slap als een natte theedoek het ene moment, en met iedereen willen knokken het volgende.*

*Bij Yvette zal dit natuurlijk anders zijn, omdat zij juist de transitie naar de mannelijke kant maakt. Ze zal sterker worden, meer haargroei krijgen en haar stem zal ook veranderen. Het kan zijn dat ze door de hormonen vaker moe is. Je moet weten dat alle pubers last krijgen van hun emoties, vaak moe of chagrijnig zijn en opeens dingen die ze vroeger leuk vonden nu niet meer leuk vinden. Het is inderdaad waar dat Yvette straks als Yves haar hele leven lang de hormonen zal blijven slikken, maar de veranderingen zullen in het begin meer merkbaar zijn dan later, net als na het starten met de puberteitsremmers.*

*Het is ook voor je zus een lastige periode, dus probeer er voor haar te zijn, ook als zij straks je grote broer is. Jullie band zal misschien veranderen, maar ik weet zeker dat deze altijd sterk zal blijven, als jullie dat beiden willen.*

*Het lijkt me fantastisch jullie een keer te zien optreden met capoeira – het is een fantastische sport! Laat me maar weten wanneer dat een keertje zou kunnen.*

*Veel liefs,*
*Loiza*

Het is logisch dat je lichaam gaat veranderen als je hormonen gaat slikken. De vrouwelijke hormonen zorgden ervoor dat ik meer rondingen kreeg, en zo kreeg ik ook borsten. Die zijn redelijk rond, dus daar heb ik geluk mee. Maar het is ook belangrijk om te beseffen dat als je van een jongenslichaam naar een vrouwenlichaam gaat, je onvruchtbaar wordt. Ik weet nog wel dat mijn moeder dit best lastig vond. Ik wist het zeker, maar zij maakte zich er toch zorgen over. Stel dat ik later toch kinderen wilde? Stel dat ik een partner kreeg die wel kinderen wilde? Het sperma bewaren was geen optie, omdat ik nooit in de mannelijke puberteit terecht was gekomen. We hebben het er kort over gehad of we misschien mijn moeders eicellen moesten invriezen. Die keuze hebben we uiteindelijk niet gemaakt, want ik wilde op dat moment geen enkele vertraging oplopen in het traject. We zijn er later ook niet meer op teruggekomen. Ik weet dat mijn moeder ergens twijfelt of we het misschien toch hadden moeten doen, en of ze me niet meer had moeten dwingen om er nog eens goed over na te denken. Maar het is niet anders, nu is het te laat. Ik ben over dit vraagstuk heen gewalst en nu ik eind twintig ben, had ik inderdaad gewild dat ik daar iets aandachtiger naar had gekeken. Niet zozeer omdat ik mijn eigen proces dan anders had gedaan; ik had nog steeds de hormonen willen slikken op mijn zestiende. Er zijn weinig dingen in het leven waar ik spijt van heb, maar mijn moeders eicellen laten invriezen, dat had ik achteraf wel willen doen. Dan had ik een kindje kunnen krijgen afkomstig van een eitje uit mijn eigen familie. Dat is nu niet meer mogelijk, en die gedachte doet pijn.

Wel of geen kinderen kunnen krijgen is een onderwerp waar ik vaker vragen over ontvang. Net zoals in mijn eigen situatie zijn het niet altijd de transgender kinderen zelf die bij dit onderwerp stilstaan, vaak zijn het juist de ouders.

*Dag lieve Loiza,*

*Ik zag je een tijdje terug een Q&A doen in een collegezaal in het LUMC, toen wist ik dat ik je nog eens deze mail zou gaan schrijven. Ik werk in het LUMC op de afdeling Hr en ik had dus niets in de collegezaal te zoeken, maar een collega van me weet met welke vragen ik rondloop, dus die had me getipt even naar jou te komen luisteren. Zo zat ik dus laatst als publiek bij jou in de zaal.*

*Mijn dochter Zoë is nu twaalf jaar oud en zij weet ook heel zeker dat de wereld pas voor haar zal opengaan na haar operatie, net zoals dat bij jou gebeurde. Jij bent haar grote voorbeeld, en samen met je moeder ben je dat ook voor mij. Mijn (of eigenlijk onze) vraag is: bestaat er een kans dat Zoë met een soort van omweg straks tóch kinderen kan krijgen? Niet zelf natuurlijk, dat begrijp ik. Maar misschien wel van haar DNA middels een draagmoeder bijvoorbeeld? Weet jij misschien hoe ver deze ontwikkelingen al zijn?*

*Heel veel dank,*
*Emma*

Niet iedereen is zo rechttoe rechtaan als Emma; soms komt er eerst een lang verhaal over wat iemand 'heeft gehoord' dat er inmiddels in Thailand allemaal al mogelijk zou zijn qua vruchtbaarheid voor transgenders en dan volgt er een voorzichtige vraag over hoe ver we daarmee in Nederland zijn. Ik ben blij met haar brief en met haar vraag; dit is namelijk op dit punt in mijn leven een kernvraag. En ook wel een gevoelig onderwerp.

De medische wetenschap is volop in beweging, dus als je de laatste stand van zaken wilt weten over hoe de transitie eruit gaat zien die jij (of je kind) gaat doen, dan is het verstandig om je arts daarnaar te vragen of om op de website van Transvisie het een en ander na te lezen. Het enige wat ik je kan vertellen is hoe het bij mij is gegaan, en welke fasen ik heb doorlopen. Ik vertel het aan de hand van mijn leeftijd, dat geeft misschien ook houvast bij de andere vragen die jij over het transitietraject hebt.

| Leeftijd | Fase in de transitie, mijn ervaringen en wat ik (wij) zoal hebben gedaan |
|---|---|

Voor de geboorte zegt de verloskundige aan mijn hartslag te kunnen horen dat ik een meisje ben.

| | |
|---|---|
| 0 | Ik word geboren en ik heb het geslacht van een jongetje. Ik krijg de naam Lucas, die mijn ouders al lang geleden voor hun eerste zoon hebben uitgekozen. |
| 2-3 jaar | Het is duidelijk dat ik geen 'normaal' jongetje ben. Ik wil alleen met meisjesdingen spelen en ik geef bij herhaling aan dat ik een meisje wil zijn (wil worden). |
| 4-5 jaar | Op school speel ik alleen in de poppenhoek en met de verkleedkleren. Probeert de juf me in de bouwhoek te laten spelen, dan ben ik bloedchagrijnig als ik na school thuiskom. |
| 7 jaar | Ik ga voor het eerst als meisje naar school, in meisjeskleding die ik zelf in de winkel heb uitgezocht. Mijn moeder heeft overleg met de juf gehad en die is voor. Nadat |

ze mij voor het eerst als Luus naar school heeft gebracht, is mama ten einde raad: wat moet er van dit kind worden? Ze gaat op zoek naar informatie op internet en komt terecht bij Berdache, zelfhulpgroep voor ouders van genderdysfore kinderen. Ze heeft een lang telefoongesprek.

7 jaar — De eerste gesprekken met psychologen van het VUmc (nu Amsterdam UMC, locatie VU). Ik word getest en ik blijk zowel bewust als onbewust honderd procent genderdysfoor. Dat wil zeggen dat ik me geen jongetje voel en me niet als een jongetje gedraag, en in alles (bewust en onbewust) het gedrag en de reacties van een meisje heb.

7-9 jaar — Regelmatig gesprekken met psychologen en testen, en ook gesprekken met andere leden van het gezin. Indertijd kon ik me hier enorm over opwinden (waar is dat allemaal voor nodig?), maar inmiddels begrijp ik de zorgvuldigheid van handelen bij het VUmc.

| | |
|---|---|
| 10 jaar | De documentaire *Van Lucas naar Luus* wordt gemaakt, waarin ik uitleg geef over genderdysforie en ook gewoon kind ben met leeftijdsgenootjes. |
| 7-12 jaar | Kinderspeeldagen en ontmoetingen met andere genderdysfore kinderen plus hun broertjes en zusjes op de evenementen die de zelfhulpgroep Berdache organiseert. |
| 12 jaar | Ik begin met puberteitsremmers, die ervoor moeten zorgen dat mijn lichaam geen volgroeide man wordt. Ze geven me de eerste tijd het gevoel dat ik onder een deken van vermoeidheid zit, en het duurt een paar maanden voordat ik me weer 'mezelf' voel. Gelukkig ben ik in januari jarig, dus dit effect is voorbij voordat ik naar de middelbare school ga. |
| 12-16 jaar | Ik ga naar groepsbijeenkomsten voor genderdysfore jongeren die Humanitas organiseert. Mijn ouders hebben inmiddels heel veel informatie van Berdache gekregen, zij hebben verder niet zoveel behoefte aan nog meer informatie in deze jaren. |

16 jaar Op de dag na mijn verjaardag mag ik met de vrouwelijke hormonen beginnen. Dit is het punt waarop ik niet meer terug kan naar 'een gewone jongen' worden. Tot op het moment dat ik hormonen krijg op mijn zestiende kan ik altijd nog 'terug'. Het proces is 'reversibel', ofwel: omkeerbaar. Een ander woord is 'vrijblijvend'. De weg om man te worden staat nog open. Tot dit moment, want hier stopt dat. Er komt een gesprek over dat ik onvruchtbaar zal zijn vanaf het moment dat ik hormonen ga slikken, en dat ik dat dus ook nog wel even mag uitstellen als ik dat wil. Ik wil helemaal niet langer wachten. Ik ben blij dat er veranderingen aan mijn lichaam komen die mijn vrouwelijkheid benadrukken. Ik krijg borsten, ik krijg rondere heupen en een taille, en mijn enkels en polsen worden smaller. Emotioneel is het niet gemakkelijk; de hormonen zorgen voor stemmingswisselingen en dat is niet fijn, noch voor mij, noch voor mijn huisgenoten.

16 jaar In een van de gesprekken met de psycholoog krijg ik de dreun te verwerken dat ik mezelf straks helemaal als vrouw

zal zien, na de operatie, maar dat de buitenwereld daar niet in zal meegaan. Ik zal de rest van mijn leven altijd als transgender gezien worden...

| | |
|---|---|
| 16-18 jaar | Regelmatig bloedonderzoek in het ziekenhuis: is de dosering van de hormonen juist, hoe gaat het met me? Ik moet daarvoor elke keer nuchter in het VUmc aankomen en ik val regelmatig flauw. |
| 18 jaar | De operatie. Omdat er een ongekend grote toevloed van mensen is die een gendertransitie-operatie willen hebben, kom ik op een wachtlijst en wordt me verteld dat het weleens een jaar zou kunnen duren voordat ik aan de beurt ben. Een jaar extra wachten! Ik bel dagelijks met het VUmc om ervoor te zorgen dat ik als er een operatie uitvalt in dat 'gaatje' mag, en dat lukt: in oktober van dat jaar krijg ik mijn operatie! |
| Na 18 jaar | Postoperatieve controles. Littekenweefsel kan zich roeren, wat bijvoorbeeld resulteert in kleine bloedingen. |

Correctieoperaties zijn nodig, blijven nodig. Dilateren, hormonen slikken en halfjaarlijkse controles van mijn bloed en hormonenspiegel. Dit hoort erbij voor de rest van mijn leven, tot aan mijn dood.

*Dag Emma (en Zoë),*

*Dank je wel voor je lieve brief en je mooie complimenten. Omdat Zoë twaalf jaar is, neem ik aan dat je begonnen bent met de puberteitsremmers. Je adamsappel komt niet tot volle groei, je penis blijft klein, de mannelijke hormonen blijven die van een jonge jongen. Dit is allemaal nodig om straks de verandering naar vrouw makkelijker te maken. Straks, op je zestiende, kun je beginnen met vrouwelijke hormonen slikken. Als ze het op dezelfde manier doen als indertijd met mij, zul je een gesprek krijgen over dat alles wat je tot op dat moment hebt gedaan nog omkeerbaar is. En dat dat met het slikken van het eerste hormoonpreparaat afgelopen is. Dan is het transitietraject niet meer om te keren. Je zult nooit meer echt een man kunnen worden, wat nu (voordat je hormonen slikt) nog wel kan. Als je nu zou stoppen met de puberteitsremmers, dan gaat je lichaam gewoon over tot de orde van de dag en dat is: van jouw lijf een volwassen mannenlijf maken.*

*Ik wilde per se vrouw worden. Ik was al een meisje, ik voelde me al vrouw, ik wilde dat mijn lijf zou kloppen bij dat gevoel. Dus ik heb toen niet goed opgelet, ik was blind voor alles om me heen. Ik wilde nú de hormonen en zeker niet langer twijfelen! En ja, vanaf die dag werd ik definitief onvruchtbaar. Mijn vruchtbaarheid als man is nooit tot ontwikkeling gekomen, maar als ik voor mijn eerste hormooninname zou zijn gestopt met de puberteitsremmers, was dat wel zo geweest.*

*In de huidige fase van mijn leven heb ik er spijt van dat ik met mijn ouders niet verder heb doorgepraat over mijn toekomstige (mogelijke) kinderwens. Ik had mijn focus zo sterk gericht op het transitietraject, op de weg naar een meisje en vrouw worden, dat ik over deze consequenties niet wilde nadenken. Ik had er geen ruimte voor. Had ik er wel over nagedacht, dan had ik waarschijnlijk mijn moeder gevraagd of ze voor mij een aantal van haar eicellen zou willen laten invriezen.*

*Dat is het antwoord op jullie vraag. Ik hoop dat jullie er wat aan hebben.*

*Heel veel sterkte en plezier gewenst met alles wat er nog komen gaat. Het is hoe dan ook een spannende tijd.*

*Liefs,*
*Loiza*

# 16

# Van Luus naar Loiza

*Loiza*

*Hallo Loiza,*

*Je bent mijn voorbeeld en mijn heldin. We hebben elkaar ontmoet in de wachtkamer van het VUmc, en nou ja, ik was nerveus om je zo 'live' tegen te komen. Dat heb je wel gezien. Maar ik vond het uiteindelijk heel fijn om je te kunnen vertellen dat jij het bent geweest die me over de drempel van angst voor mijn ouders tilde. Dat ik het dankzij jou aan ze heb kunnen vertellen en dat ik zo uiteindelijk ook aan het transitietraject ben begonnen. Dat herinner je je misschien nog wel.*

*Ik wil je vragen over de diverse momenten waarop je het mensen moest vertellen dat je transgender bent. Uit je interviews snap ik dat je ouders het bij jou als kind eerder doorhadden dan jijzelf, maar je zult het toch telkens bij een nieuwe teamsport, bij een nieuwe opleiding, bij het verhuizen naar een ander huis, aan mensen hebben moeten vertellen. Hoe pak je dat aan? Ik blijf het lastig vinden om daar een vorm in te vinden.*

*Dank je wel voor wie je bent.*

*Liefs,*
*Jurre*

Terwijl ik de mail van Jurre op mijn telefoon lees, denk ik terug aan onze ontmoeting daar in die wachtkamer. Aan hoe ik mijn verhaal op de middelbare school moest delen met alle andere eersteklassers in de zaal, trillend van de zenuwen op het podium. Daarna kwamen er nog ontelbaar veel andere momenten waarop ik het mensen moest vertellen. Zoals in het begin op de kappersschool...

Een aantal dingen maakten de kappersopleiding voor mij op dat moment helemaal de hemel. Het gaat over mensen mooi maken, dat vond ik natuurlijk fantastisch. De mensen op de opleiding leken helemaal zichzelf te zijn. Dat was totaal anders dan de vriendinnen die ik op de middelbare school had. Deze kappers in de dop waren recht voor z'n raap, ongecompliceerd, gewoon echt. Die klasgenoten, iedereen op die opleiding, dat waren gewoon helemaal 'mijn' personen. Geen spelletjes of stiekem politiek gedoe, maar volledige acceptatie van hoe je bent.

Mijn klasgenoten kwamen uit alle hoeken van de wereld. Opeens zat ik in een gemengde klas vol met Turkse en Koerdische jongens, Afrikaanse meiden, Romameiden; het was een soort vrijgevochten multiculturele omgeving. Je kunt je voorstellen hoe nieuw dat voor me was, als je die *prep school* nog in gedachten hebt. Ik kon me ontspannen en werd steeds meer mezelf. Dat merkte ik ook aan mijn kledingkeuze. Die kakkersstijl liet ik achter me en ik koos steeds meer voor kledingstukken die ik zelf leuk vond, zoals een leren broek met een grote riem bijvoorbeeld.

Voor het eerst besloot ik namelijk mijn transgenderverhaal níét te vertellen. Uiteraard wel aan de leraren voordat ik aan de opleiding begon. Het was wel fijn dat er mensen achter de schermen wisten wat er speelde, mocht er iets voorvallen. Het was weer mijn moeder die het initiatief voor deze gesprekken nam. Ik moet er nu om lachen, elke keer als ik vertel hoe snel zij van alles voor me regelde, want ik besef nu ook dat mama steeds de katalysator was en ik erachteraan hobbelde.

Het fijne was dat mijn mentor ook uit het dorp kwam. Dus mijn moeder kende haar, en ruim voordat het schooljaar begon, had mijn moeder al contact gelegd. Ze zagen elkaar in de supermarkt, en mijn moeder besloot haar even aan te spreken. Het transgenderverhaal was natuurlijk bekend in het dorp, maar ik vond het toch fijn dat het besproken werd tussen hen, gewoon voor de zekerheid. Opnieuw is mijn mentor mijn veilige basis op school. Terugkijkend zie ik een strategie in al deze situaties: de zetten die we maakten, het vooruitdenken van mijn moeder. Het leek wel alsof we aan een soort meerjarenplan werkten. Iedereen kreeg een rol, aangestuurd door mijn moeder. Ik zie duidelijk met hoeveel liefde ze in deze middenpositie stond en haar eigen rol speelde.

Dus zo ging ik naar school, een gigantisch grote mbo met heel veel verschillende opleidingen voor van alles: techniek, mode, ICT, horeca, kappersopleiding en alles wat daartussenin zit. In de klas vertelde ik niks. Maar toen kwam de documentaire *Van Lucas naar Luus* beschikbaar op internet, en er zaten natuurlijk ook mensen uit het dorp op deze school. Dus dat nieuws zou als een lopend vuurtje gaan. Toch is het nog een halfjaartje gelukt om niets aan mijn klas te vertellen. In dat halfjaar was ik gewoon Luus, hoewel ik gebukt ging onder angst. Elke keer was ik bang dat wanneer leerlingen met elkaar stonden te praten, het misschien wel over mij ging. Ik wilde dan wel 'gewoon Luus' zijn, maar eigenlijk was er maar weinig gewoons aan.

Toen we een keer les hadden op de computer, hoorde ik ergens mijn eigen stem uit de speakers klinken. Een leerling had de documentaire gevonden. Ik besefte dat dit niet goed zou aflopen, en wilde het geroddel toch vóór zijn. Ik besloot om het samen met mijn mentor te vertellen; de leerlingen konden het verhaal toch beter oprecht van mij horen.

Ik had het eigenlijk helemaal niet goed voorbereid, niet zoals op de middelbare school, waar alles uitgekiend was. Ik deed het gewoon even tussendoor in een lesuur waarvan de lerares zei dat er wel wat tijd over was.

Ze begon met de les en zei: 'Luus wil even wat vertellen.'

Ik stond op, liep naar voren en ging voor de klas staan. En ik begon met: 'Ik heb gezien dat jullie mijn filmpje hebben bekeken. En bij dezen wil ik het jullie zelf vertellen, zodat jullie weten wat genderdysfoor zijn voor mij betekent, en dat ik in een transgendertraject zit. Bij vragen mag je altijd naar me toe komen. Doe dat liever dan achter mijn rug om hierover praten, want dat vind ik niet fijn.'

En dat bleek wederom een waanzinnig goede zet. Ik bouwde er respect mee op, het geroddel was meteen afgelopen. Voor de leerlingen was het niet meer spannend. *Oké, het transgenderverhaal is er. Het is niet meer geheim. Luus erkent het.* Ze accepteerden me en naderhand kwamen ze naar me toe om erover te praten. Ik kon met iedereen goed opschieten en werd algauw de clown van de klas; een rol waar ik me goed bij voelde. Ik had een goede band met iedereen, er was niemand met wie ik niet door één deur kon of die problemen had met mij. Ik kon met iedereen ouwehoeren. Ik was brutaal, ik was grappig. Daar leefde ik echt op.

Lieve Jurre,

*Ja, ik herinner me je heel goed, en ik vond het leuk om te zien dat je me uiteindelijk toch durfde aan te spreken! Je kunt natuurlijk besluiten om niet op een teamsport te gaan, niet in een band te gaan spelen en vooral niet met leeftijdsgenoten om te gaan, maar daar wordt niemand gelukkig van.*

*Er is geen recept voor 'het transgenderverhaal vertellen', maar ik kan je wel beloven dat het elke keer een beetje makkelijker wordt. Eerlijk is eerlijk: elke keer is het weer een drempel. Je weet nooit hoe de mensen zullen reageren. Maar ook is het elke keer een bevrijding als ik het heb gedaan. Net alsof we even door een soort trechter moeten: eerst is het beklemmend, maar als je er dwars doorheen gaat, dan krijg je daarna weer ruimte.*

*Ik doe eigenlijk ook maar wat. De ene keer denk ik goed na over wat ik ga zeggen, de andere keer improviseer ik ter plekke iets. Soms vind ik het geen probleem om het erover te hebben, soms heb ik er helemaal geen zin in. Maar er alles aan doen om het niet te vertellen is ook niet fijn, dan leef je in angst dat iemand anders er misschien achter komt, en dan heb je weinig controle over de situatie. Dan is vertellen op jouw manier veel fijner. Wat ik wel telkens weer merk, is dat mensen respect hebben als je gewoon eerlijk blijft. Dat is ook weer het coole van onze situatie.*

*Als ik het kan, kun jij het ook.*

*Groetjes,*
*Loiza*

Op de kappersschool was na het delen van mijn verhaal de angel eruit. Ik was nog altijd bang dat het over mij ging wanneer ik mensen in een hoekje met elkaar zag praten, maar daar probeerde ik me niet op te focussen. Ik richtte me vooral op mijn klas, mijn vriendinnen. Ik had nu niet meer één beste vriendin, zoals Leona dat voor mij was op de middelbare school. Ik werkte samen met de een, zat gezellig te ouwehoeren met een ander en ging daarna naar de stad met weer een ander. Of we gingen allemaal samen chillen op donderdagavond. Op vrijdag spijbelden we weleens met de hele klas tegelijk! Het was echt een fijne groep.

Er zaten allemaal verschillende types in de klas. De ene meid was nog brutaler dan de ander. Als ik terugdenk aan die tijd, dan zie ik dat allemaal weer helemaal voor me. Wanneer sommige meiden vertelden wat ze hadden uitgevreten, bedacht ik me weleens dat hun acties niet zo snugger waren. De een droeg haar veel te geblondeerde haar nog hoger dan de ander, maar ik vond het zulke toffe wijven. Ik word er gelukkig van als ik daaraan terugdenk. Niet vaak heb ik zoveel kunnen lachen met een groep mensen. Ik kon bij hen echt mezelf zijn.

Op mijn zeventiende studeerde ik af als kapster. Je kunt de tweejarige of de driejarige opleiding doen. Ik ging natuurlijk voor de drie jaar, want ik was op dat moment nog superjong. Toen was ik eind zeventien of net achttien, en ik had alle kappersdiploma's die er te halen zijn al gehaald.

Het leek even alsof mijn leven vanaf dat moment van een

leien dakje zou gaan, maar dat bleek helaas anders. Ik werkte ondertussen steeds meer uren in de kapperszaak in het dorp terwijl ik mijn opleiding afrondde, toen zich de mogelijkheid voordeed om een maand stage te gaan lopen in Spanje. Vanuit de opleiding was er zelfs een speciaal fonds beschikbaar, zodat je niet zelf voor je reis en verblijf hoefde te betalen. Dat leek mij hartstikke leuk om te doen, maar mijn bazin in de kapperszaak was er minder blij mee. Ze wilde me niet een hele maand missen. Ze wist ook dat ik binnenkort mijn operatie zou ondergaan, en dan zou ik ook een maand of drie niet beschikbaar zijn voor werk. Mijn operatie stond uiteraard op de planning, maar zo'n kans als een stage in Spanje wilde ik ook niet laten lopen. Zij ging op zoek naar een ander voor in de zaak, en ik belandde in het zonnige Spanje.

Samen met vijf andere meiden hadden we een woon- en werkruimte in Cádiz, in Chiclana de la Frontera. Dat klinkt fantastisch, maar het bleek voor mij een hel te zijn. In mijn beleving zou ik met een leuke groep meiden naar Spanje vliegen. De stage werd betaald door de opleiding, dus je moet weten dat daar ook een akelig vishaakje aan vastzat: je kon niet voortijdig terug, of je moest het geld terugbetalen. Natuurlijk hadden ze dat van tevoren verteld, maar ik had nooit bedacht dat ik terug naar huis zou willen gaan. Mijn reactie was snel gegeven: 'Ja, ja, ja, ja, ja, rekening mee houden, ja, ja, leuk man, ik ga!'

Nou, na twee à drie dagen trok ik het dus al niet meer. Het was de eerste keer dat ik zo lang van huis was gegaan, en dan vooral dat ik zo lang weg was van mijn moeder. Daar had ik natuurlijk géén rekening mee gehouden, want Spanje leek me fantastisch. Ik hing dus algauw huilend aan de telefoon: ‘Mama!’ En huilen, huilen! Alsof ik voor altijd verloren was. Dat was het moment waarop ik erachter kwam dat heimwee echt een ziekte is. Mijn moeder belde met mijn school om een oplossing te verzinnen. Bij het navragen naar mogelijkheden bleek het antwoord te zijn: ‘Helemaal niks. Tenzij jullie de (erg hoge) kosten allemaal terugbetalen.’ Mijn moeder bleef proberen hulp in te schakelen via school, maar tevergeefs. Zij raadden vooral aan niet te veel contact te hebben. ‘Probeer in elk geval niet elke dag te bellen. Daar maak je het jezelf alleen maar moeilijker mee.’ Dat klinkt als een goed advies, maar als mijn moeder aan de andere kant van Europa een huilend kind heeft zitten dat doodongelukkig is... dan gaat ze bellen. En als zij niet belde, dan belde ik wel.

Ik voelde me niet goed, ik had heimwee en tot overmaat van ramp ging het in ons groepje meiden ook niet lekker. Ik werd weer onzeker, door mijn heimwee en door een paar van de andere meiden. Het patroon van de middelbare school leek zich te herhalen. Weer zag ik dat ik niet voor mezelf durfde op te komen, dat ik niet meer terugvocht wanneer iemand gemeen tegen me deed, dat ik elke dag hoopte dat ze me die dag niet zouden terroriseren. De meiden met wie ik in het jaar ervoor zo’n lol had gehad, waren niet mee op stage of waren al van school gegaan. De samenstelling van de klas was in het derde jaar veranderd. We waren met zes meiden, drie groepjes van twee. Audrey was gewoon mijn vriendinnetje. En er waren er twee die ik in die tijd als 'de meelopertjes' zag, die zeiden niet zoveel. En dan waren er nog twee meiden die echt pestkoppen waren, en die moesten ons eigenlijk altijd allemaal hebben. Door hen heb ik me behoorlijk geterroriseerd gevoeld.

Er waren twee huisjes voor elk zes personen, dus er hadden in totaal twaalf personen mee gekund. We waren maar met zes meiden, maar we waren alsnog in twee huisjes ingedeeld. Jammer genoeg zat een van de twee bitches die mij het leven zuur maakten samen met Audrey en mij in één huisje. Gelukkig raakte zij bevriend met het gemene meisje in het andere huisje en besloot ze daarnaartoe te verkassen. Dat was zo fijn, want dat maakte ons huisje opeens een veilige plek! En dat hadden we echt even nodig, want we werden de hele dag verteerd door heimwee. Ik kon dagenlang echt niet eten. In totaal viel ik zelfs vijf kilo af! Ik had zoveel stress. Maar als we dan 's avonds thuiskwamen met z'n tweeën, dan ging de deur op slot en hadden Audrey en ik onze tijd samen. Op die momenten lukte het me om de stress een beetje los te laten. Dan at ik koekjes en Nutella, noem maar op. We hebben zo gelachen met z'n tweeën op die avonden. Dat scheelde een hoop.

Ondanks de steun van Audrey bleef de heimwee aanhouden, ik wilde gewoon weer thuis zijn, bij mijn ouders, zusje en broertje. Dit is vast lastig te begrijpen als je nooit heimwee hebt gehad, maar ik was er echt ziek van. Hoe slecht ik me op dat moment voelde, was voor mij een grote realitycheck.

Mijn situatie thuis was altijd zó veilig geweest dat een maand in Spanje – wat niet eens zo ontzettend lang of ver weg is – al een te grote stap bleek te zijn. Daar zat ik dan: ik voelde me ellendig en beroerd in een periode die juist de mooiste tijd van mijn leven had kunnen zijn. Had ik mezelf op jongere leeftijd meer losgemaakt van mijn ouders, dan was deze hele toestand waarschijnlijk minder rampzalig geweest.

Ergens is het ook wel gek dat dit me zo zwaar viel, want tegelijkertijd ben ik ook altijd een avonturier geweest. Op mijn veertiende stapte ik regelmatig in de trein na mijn werk in de kapperszaak om naar een vriendin te gaan. En mijn ouders lieten me daar ook heel vrij in, het was niet zo dat ze me verstikten. Ik nam bijvoorbeeld om acht uur 's avonds anderhalf uur lang de trein en de bus om bij een vriendin in Amsterdam te komen. Ik kleedde me helemaal mooi aan en dan... moest ik me van mijn ouders weer omkleden en vooral die hakken uitdoen. Met zulke hoge hakken over straat, alleen op een perron, dat ging mijn ouders echt nog te ver. Als ik andere schoenen aantrok voor de treinreis, dan mocht ik wel gaan. Ik vond het fantastisch om eropuit te trekken, maar na zo'n weekend wilde ik ook echt weer naar huis. Op zondagavond viel ik dan bij pap en mam thuis binnen en riep uit: 'O, wat ben ik blij dat jullie mijn ouders zijn!' Ik was erg gevoelig voor de gezinssituatie bij vriendinnen thuis, en als deze niet zo fijn aanvoelde, besefte ik hoe veilig het voor mij thuis wél voelde.

Bij mijn terugkomst uit Spanje hadden papa en mama een

feestje georganiseerd. Iedereen die ik erbij wilde hebben, was erbij. En alle dingen die ik lekker vond, had mama gemaakt. Maar dan ook echt alles. Een verse worst, daar was ik in die tijd helemaal dol op. Een grote pan macaroni, heel veel koekjes en snoep. Het was echt feest, vol met de leukste mensen en allerlei verrassingen. De zware deken die ik met me meedroeg, viel op dat moment van me af. Ik had het zo afschuwelijk gevonden in Spanje dat ik toen heb gezegd: 'Ik ga nooit meer weg. Nooit meer!' Ik heb inderdaad nog lang thuis gewoond; ik was tot voor kort een 'nestblijver'. Maar nu niet meer; ik woon nu in Amsterdam en ben daar heel gelukkig. En ik heb inmiddels over de hele wereld vriendinnen, dus ik hoef nooit meer eenzaam te zijn.

## Een nieuwe baan én een nieuwe naam

Na mijn stage en het afronden van mijn opleiding was het tijd voor een nieuwe baan. Ik mag mijn eerste kappersbazin wel heel dankbaar zijn, omdat ze zei dat het haar te ingewikkeld werd met mij in dienst. Want daardoor ben ik, dankzij vrienden van mijn ouders en de bemiddeling van mijn moeder (natuurlijk), bij François terechtgekomen. François is een grote naam in de kapperswereld; hij is flamboyant en werelds, en homo, en ik vond hem vanaf het eerste moment dat we elkaar ontmoetten meteen al fantastisch. Bij hem wordt iedereen in de watten gelegd, hij is echt een luxe kapper. De kapper van wie je een glas prosecco krijgt, waar je, als je er om zes uur ’s middags op zaterdag nog zit, lekkere tapas en borrelhapjes krijgt. Zo is deze man. Nog voordat ik naar Spanje vertrok, had ik al een gesprek met hem gehad. En terwijl hij tot op dat moment altijd (al meer dan vijfentwintig jaar) alleen had gewerkt, had hij me aangenomen, als eerste. Vraag me niet waarom. Hij had nog nooit een medewerker of zelfs maar een stagiair gehad. Hoe het ook zij: ik was het geworden, we kregen een enorm goeie band, en die hebben we nog steeds.

Een van de eerste dingen die hij met me besprak, was dat ik in zijn zaak geen ‘Luus’ kon heten: ‘Want daar kunnen we niet mee aankomen in de zaak. “Luus” is namelijk veel te boers.’ Dat wilde hij niet. Hij experimenteerde met Loiza, Louisa, Luisa; hij testte die naam. Louisa vond ik niet mooi, dus het werd uiteindelijk Loiza. Hij ging me echt consequent Loiza noemen. Hij vond zoiets wel mooi: hij had Loiza in de zaak, en ik vond het ook wel prima. Ik hoefde daar niet moeilijk over te doen: ‘Schat, als jij dat wilt.’ Hij wilde ook dat ik elke dag mijn haar föhnde als ik werkte, en dan het liefst zo glad, strak en zo hoog mogelijk. Ik vond dat zelf niet zo mooi, maar ik dacht: als hij daar gelukkig van wordt, dan doe ik dat. Uiteindelijk is het natuurlijk zíjn zaak. Bij François in de zaak kreeg ik een wereld van vrouwelijke schoonheid, zelfverzorging en extravagantie te zien, waardoor ik geïnspireerd werd om af te vallen. Niet dat het per se nodig was, maar alle vrouwen die in de zaak kwamen waren tot in de puntjes verzorgd. Ik wilde daardoor ook beter voor mezelf zorgen. Ik was wat zwaarder dan het ideaalplaatje en ik had altijd al het plan gehad om na de operatie te gaan afvallen. Als ik eenmaal die operatie had gehad, wilde ik ook gelukkig zijn met mijn hele lijf, en dan niet meer onzeker zijn in een bikini. Ik ben toen in een periode van in totaal anderhalf jaar ongeveer twintig kilo afgevallen.

Mijn tijd bij François was de start van een waanzinnige periode in mijn leven, waarin alles veranderde. Op de dagen dat ik aan het werk was bij François, haalde ik 's morgens altijd onze lunch. Op een van die tripjes naar de viswinkel en de groenteboer om de hoek werd ik 'gespot' door het programma *I Can Make You a Supermodel* van Paul Fisher. Zij zochten modellen en zagen wel potentie in mij, maar het bleek dat ik net iets te lang was. Zij zochten modellen tot 1,82 meter en ik was toen 1,84 meter. Dus ze lieten me uiteindelijk gaan, maar niet voordat ze een aantal mooie foto's van me maakten en me lieten weten dat ik het goed deed voor de camera. Ik dacht alleen maar: ja, wat gebeurt mij hier? Ik was totaal verbluft, ik wist niet wat ik meemaakte!

Vroeger zeiden mijn zusje en ik: 'Ja, onze droom, dat is om topmodel te zijn.' En mijn zusje, m'n moeder en ik keken dan met z'n drieën altijd naar *Holland's Next Top Model*. Dat was ons ding. Mijn zusje zag ik altijd in die rol, want zij was slank: zij zou het modellenwerk gaan doen. En zij heeft het uiteindelijk nooit gedaan. Door de complimenten van de scouts van Paul Fisher dacht ik: zal ik gewoon de stoute schoenen aantrekken en die kinderdroom volgen waarvan ik dacht dat ik 'm nooit zou gaan najagen? Zal ik voor de grap auditie doen? We zien het wel!

François vond het idee fantastisch en stimuleerde me enorm: dat moest ik gewoon gaan doen, vond hij. Mijn ouders, broertje en zusje vonden het ook een goed plan, al dachten we allemaal dat ik er waarschijnlijk toch niet door zou komen. Maar al was er een kans dat ik één dag mocht meedoen, dan was het al pure winst. Zo zat ik in de wedstrijd. Mijn tante is fotograaf, dus zij maakte de foto's voor mijn portfolio. We stuurden de boel in en wachtten af. Uiteindelijk kreeg ik op mijn moeders verjaardag een berichtje dat ik was uitgenodigd: ik zat bij de laatste vijfhonderd kandidaten! En dat betekende dat ik een paar weken later voor een casting mocht komen. Een ongelofelijk wauwmoment!

François is in deze tijd in feite mijn mentor geweest; iemand die je wijst op welke dingen belangrijk zijn als je in een nieuw vak wilt excelleren. Ik zou eigenlijk willen dat iedereen van zeventien een mentor krijgt die net zo goed bij elkaar passen als François en ik. François heeft eigenlijk Luus, een boerenmeisje dat uit een klein dorp kwam, omgetoverd tot een wereldwijze vrouw, tot model Loiza.

Ik wist op het moment dat ik bij hem stage kwam lopen al dat hij al grootsere dingen in me zag. Hij zag een toekomst voor me in zijn zaak en dat vond ik heel bijzonder. Hij noemde me 'een ruwe diamant' die hij wilde slijpen. Ik was zijn protegee en omdat we samen in zijn zaak stonden, was het mogelijk dat hij misschien eerder met pensioen kon, en dat zag hij wel zitten. Na twintig jaar lang in zijn eentje werken, en zeven dagen in de week van zeven uur 's ochtends tot negen uur 's avonds keihard bikkelen, begreep ik dat wel. Zijn werk is zijn alles, maar nu had hij opeens een stagiaire die hij kon opleiden.

François nam me mee naar mijn allereerste sterrenrestaurant en introduceerde me in een compleet andere wereld, een wereld vol glitter en glamour – een parallel universum dat weinig raakvlakken had met mijn oude wereld. Ik leerde van hem hoe ik kreeft moest eten en op welke manier ik oesters het lekkerst vind. Ik dronk Dom Pérignon en Veuve Clicquot en alle andere wereldberoemde champagnemerken. Ik had opeens een mening over kaviaar. Ik vond het fantastisch. Ik vloog dankzij François naar de andere kant van de wereld en leerde hoe ik me in deze glamourwereld moest gedragen. Hij nam me mee naar kappersshows, en ik ging een keer met hem mee naar Rotterdam voor een spectaculaire show die een heel weekend besloeg. Ik dacht alleen maar vol verwondering: waar ben ik in beland? Ik voelde ook dankbaarheid dat ik het mocht meemaken. Het was echt een cadeau van François, met wie ik ondertussen een hechte vriendschap had opgebouwd.

François is gul; hij is iemand die altijd van alles aan anderen geeft. Hij spendeert ook veel geld aan zichzelf. Dan heb ik het over bijvoorbeeld een crèmepje van tweehonderd euro per potje. Dat is echt zijn leven en alles moet duur, duur, duur. Als jong meisje vond ik dat destijds ook wel spannend.

Want ik had natuurlijk helemaal niet het budget om dat soort bedragen te spenderen, dus soms was mijn situatie ronduit lastig. De hoge bedragen die vaker dan eens werden neergelegd, vond ik vaak ronduit onzin. Toen vond ik dat al, en nu nog steeds. Dat kun je niet uit dat boerenmeisje slaan.

Mijn baas is die stoere François, een man die niet altijd zijn gevoelens uit. Soms vond hij het zelf ook weleens te ver gaan. Op die momenten droeg hij me op: 'Ga sparen, denk aan de toekomst. Maak niet dezelfde fouten die ik heb gemaakt. Door alles weg te geven en uit te geven. Weet je, toen ik aan of op de top van mijn werk en carrière stond, toen had ik zoveel mensen om me heen en het waren allemaal "vrienden" tussen aanhalingstekens. En zodra het slechter met me ging, waar zijn ze dan? Niet te vinden!' Net zoals de meeste mensen had ook François zijn portie nare ervaringen in het leven gehad.

Langzaam maar zeker kreeg ik ook een ander beeld van deze prachtige wereld van glamour. Het begon ermee dat ik het een beetje lastig vond dat François zich werkelijk heel vaak met mijn haren, make-up en kleding bemoeide. In het begin was het prima, het was immers zijn kapperszaak, ik deed gewoon wat hij me vroeg. Geen probleem. Maar er groeide iets en ik voelde in die tijd dat er twee personages in mij huisden: Loiza en Luus. Loiza voor de werkomgeving en Luus in de thuissituatie. Naarmate François en ik elkaar langer kenden en ik mezelf steeds meer zijn gelijke ging voelen, keek ik steeds meer met een nuchtere blik naar de glamourwereld. Er zijn mensen die aan de buitenkant iets willen laten zien en François helpt ze daarmee, hij is daar heel goed in. Het is wel een soort 'de schijn ophouden'. Er zit liefde in, beslist, om mensen te helpen zichzelf zo mooi mogelijk te presenteren. Dat kan niet zonder goede intenties, zonder liefde voor je vak en liefde voor je medemens. Maar er zit ook nog een ander aspect in, een element van *fake it until you make it.*

Soms hadden François en ik een kleine aanvaring. 'Ja schat, er moet echt meer make-up op, je moet je haar echt wel weer even mooi maken. We gaan naar een feestje vanavond. Je moet wel dit en dit aan. En waar is je lippenstift? Er moet meer lippenstift op,' zei hij dan tegen me. Dat waren de dagen waarop ik thuiskwam bij pap en mam, en meteen de make-up eraf haalde en een staart in mijn haar maakte. Dan was ik even klaar met de uiterlijke schijn en wilde ik gewoon Luus zijn. Ik weet dat dit soort opmerkingen werden gemaakt uit liefde, hoe raar dat misschien ook klinkt. Deze kleine confrontaties met François leerden me ook hoe ik later met dezelfde opmerkingen moest omgaan in de modellenwereld, waar het spelletje nog harder werd gespeeld, en dan vaak zonder goede intenties. Eerlijk gezegd denk ik dat hij daar zich niet eens bewust van is, maar het heeft mij wel voorbereid.

Wat ik van de glamourwereld zie, is dat die eigenlijk permanent zegt: 'Je bent niet goed genoeg, je bent nog niet mooi genoeg, je moet even wat meer make-up opdoen, je moet even wat meer lippenstift opdoen, je moet even andere oorbellen in en kom, je kunt best nog iets afvallen. Trek even iets anders aan. En föhn je haren nog even op.' Zodra ik weer thuis ben, valt dat allemaal weg. Hoewel ik het fantastisch vind om in deze wereld mee te draaien, is het niet een deel van wie ik echt ben. Ik zal vanaf dit moment altijd mezelf en mijn eigen persoon blijven, wat de buitenwereld ook van me verwacht. Ik ben François ontzettend dankbaar voor het glamourmodel dat hij van mij heeft gemaakt. Het is echt zo: zonder François was er nooit een Loiza geweest.

Het besef van het verschil tussen de glamourwereld van Loiza en die van thuis groeide na de episode van mijn derde zwarte gat na *Holland's Next Top Model.* Nu voel ik me zelfverzekerd, maar net zoals op de middelbare school had ik in die tijd sterk het gevoel dat ik me anders moest voordoen dan dat ik was. Ik paste me meteen aan aan het keurslijf dat van me werd verwacht en verloor tijdelijk contact met wie ik echt was. Het was een tijd waarin de glamourversie van Loiza duidelijk zichtbaar was en eigenlijk de overhand nam.

Ik weet nu dat ik niet in deze glitterwereld werk en leef. In dit boek lees je brieven van mensen die me schrijven vanwege het sterke en stoere beeld dat ik schets van een model dat zich op eigen houtje redt. Maar ik wil laten zien dat het complete verhaal anders is; dat is natuurlijk eigenlijk ook de essentie van dit boek. Ik wil dat mensen Loiza leren kennen, maar ook Luus.

# 17

# Onderweg naar de operatietafel

*Loiza*

*Dag Loiza,*

*Over zes weken is het zover, dan ga ik onder het mes voor mijn transitie. Ik heb er jarenlang op gewacht en nu gaat het eindelijk gebeuren. Maar tegelijkertijd ben ik doodsbang, zo bang dat ik het er benauwd van krijg. Een vriendinnetje van mij heeft de operatie twee jaar geleden al ondergaan en die is heel goed verlopen. Zij was er zo blij mee! Waarom ben ik dan zo bang? Ik vrees gewoon dat ik een van die mensen ben bij wie alles mislukt en dat ik dan over vier jaar weer terug wil of zo.*

*Hoe keek jij tegen die operatie aan? Was jij ook weleens bang dat het niet goed zou gaan?*

*Ik ben heel erg benieuwd.*

*Dank je wel!*

*x*

*Noé*

Als je in een gendertransitie zit, dan weet je heel goed dat er voor je achttiende nog geen operatie mag plaatsvinden. Ongeveer een halfjaar voor mijn verjaardag gingen we bellen met het ziekenhuis. Misschien hadden we dat eerder moeten doen, want er bleek een lange wachtlijst te zijn. Het zag ernaar uit dat ik pas een jaar later geopereerd kon worden, op mijn negentiende. De wachtlijst was enorm opgelopen. Aangezien ik al sinds mijn vierde op deze operatie zat te wachten, besloten mijn moeder en ik elke dag naar het ziekenhuis te bellen. Best erg eigenlijk. 'Waar sta ik nu op de wachtlijst? Wanneer staat mijn operatie gepland? Waar sta ik nu?' Al was er maar een kleine kans dat ik vooruit kon worden geschoven, dan wilde ik die niet missen.

'Ja sorry, je bent nog niet aan de beurt,' klonk het dan weer.

Ik belde vrijwel elke ochtend, dus de vrouw aan de andere kant van de lijn wist op een gegeven moment wel wie ze aan de lijn kreeg als de telefoon ging. En daarna belde mijn moeder ook nog eens een keer. Na de 'sorry'-mededeling sloot ik het gesprek standaard af met: 'Oké, dan bel ik overmorgen of morgen weer, tot dan!'

Op een dag zat ik in de aula van school te eten met de klas

en wat vriendinnen. Mijn telefoon ging; anonieme beller. Ik nam op. Het was het VUmc.

'Nou, mevrouw Lamers, of Loiza, mag ik wel zeggen, toch?'

'Ja?'

'Als je zou willen, kun je over zes weken geopereerd worden. We hebben een uitvaller.'

Ik zat op school en sprong op van de tafel waar ik met een aantal meiden aan zat. Ik had nog niet aan iedereen verteld dat ik zo achter die operatie aan zat, omdat het allemaal zo lang duurde. Ik wilde het nog even stilhouden, maar op dat moment begon ik te huilen en te gillen. Ik belde meteen mijn moeder en huilde en schreeuwde nog wat meer. En zo, via de telefoon vanuit school, vertelde ik haar dat de dag die mijn leven zou veranderen zes weken later eindelijk daar zou zijn.

Ik ben niet zenuwachtig geweest, helemaal niet. Ik was er echt helemaal meer dan klaar voor. Dit had ik altijd al gewild. Dit was waar we als gezin al die tijd naartoe hadden gewerkt en we gingen ook dit wederom als gezin doen. Mijn ouders, broertje, zusje én mijn lieve vriendinnetje Manon zijn in een gastenverblijf bij het VUmc getrokken. Dat is speciaal voor familieleden van mensen die geopereerd zijn of om een andere reden in het ziekenhuis liggen. We pakten met de hele familie onze biezen om voor een paar dagen naar Amsterdam te gaan, speciaal voor mijn operatie.

Ik zou 's ochtends om halfacht worden geopereerd. Vlak voordat ik de operatietafel op ging, zag ik mijn familie nog een keer. We konden onze tranen niet bedwingen. Dat was het moment waarop ik toch wel zenuwachtig werd. Shit, het ging nu echt gebeuren, als het nu maar goed ging. Mijn familie stond daar nog en ik werd weggereden. Dat was best wel akelig. Daarna was ik vijf uur lang weg.

Ik kwam vervolgens uit de operatie en alles was goed gegaan. Ik kon niet geloven dat het nu echt achter me lag. Ik weet nog dat ik op de uitslaapkamer lag en heel amicaal deed, omdat ik helemaal high was van de morfine. Ik deed helemaal gek, alsof ik met een of andere act bezig was. Tenminste, dat heb ik me achteraf laten vertellen. Het zit soms gewoon ook echt in mij, dat clown-zijn. Ik werd de kamer in gerold waar papa, mama, Thijs en Maaike ook waren. Ik deed mijn ogen opnieuw open, want ik was alweer half weggezakt. Het eerste wat ik zei was: 'Ik heb zoveel pijn!' Vervolgens barstte ik in huilen uit, waarna ik weer riep: 'Ik ben zo gelukkig!' De rest is nog steeds een beetje vaag vanwege de morfine.

Ik lag in totaal vijf dagen in het ziekenhuis en voordat ik weg mocht, moest ik douchen. Of liever: eindelijk móćht ik me pas voor het eerst douchen. In de doucheruimte stond een stoel waar ik op moest zitten. Mijn moeder bood aan te helpen. Ik weet nog dat we in die doucheruimte heel hard hebben gehuild met z'n tweeën. 'Eindelijk, alles klopt nu. Dit is wat jij altijd al hebt gewild, Luus,' zei mijn moeder tegen me. En weer barstten we in tranen uit. Dat was zo'n mooi moment. Ik was helemaal ielig, omdat ik best veel was afgevallen voor de operatie. Maar ik schaamde me niet om daar zo met mijn moeder te zitten, het is een van mijn bijzonderste herinneringen.

*Dag lieve Noé,*

*Het is mooi dat je eerlijk over je twijfels durft te zijn. Het is ook niet meer dan normaal om allerlei emoties te voelen in de aanloop naar je operatie. Ik weet niet zo goed wat ik je het best kan adviseren. Als je echt twijfelt dan zou je waarschijnlijk niet op de lijst zijn geplaatst om je operatie over zes weken te krijgen. Misschien ben je wel een geweldige acteur en heb je iedereen voor de gek gehouden, maar alleen jij weet of dat zo is of niet. Ze zeggen weleens: 'Bij twijfel niet doen.' Ik zou bij transities hetzelfde zeggen: bij twijfel niet opereren. Maar is het wel echt twijfel of zijn er andere emoties die nu omhoogkomen? Misschien is het goed om daar een gesprek over aan te vragen bij je psycholoog. Dat is eigenlijk het enige advies dat ik je kan geven. Voor mij was de operatie alleen maar een opluchting. Eindelijk klopte mijn lichaam bij hoe ik me voelde. Als je zeker weet dat jij de operatie wilt, zal dat bij jou ook zo zijn.*

*Veel liefs,*  
*Loiza*

# 18
# Mijn dochter kwam thuis

*Mirjam*

Jarenlang leefden Loiza en ik samen naar het moment van de operatie toe. We hebben het er ontelbaar veel uren over gehad, natuurlijk ook met de rest van het gezin. Als je er alles voor doet om Lucas te helpen veranderen in Luus, dan is zo'n operatie een soort bekroning op alle jaren van inzet. Ik weet nog wel dat toen ze op de wachtlijst kwam te staan, er in een aantal verschillende gesprekken werd uitgelegd hoe de operatie zou gaan verlopen. Ze waren heel open, ook over hoe het eruit zou komen te zien. Ze toonden foto's van het eindresultaat, bijvoorbeeld hoe een vagina van andere transgender vrouwen eruitzag, zodat we een goed beeld kregen. Bij het zien van die foto's was onze enige reactie: 'Wauw, dat klopt dan gewoon helemaal!'

Op de dag dat we naar het ziekenhuis gingen, ging ik met Loiza en haar beste vriendin Manon alvast naar Amsterdam. Wat ook zo grappig was: Loiza had op dat moment net haar rijbewijs gehaald. Vlak voordat ze zou worden geopereerd, kon ze haar rijbewijs bij het gemeentehuis ophalen. Dat was dus ook de eerste keer dat Loiza een lang stuk zelf ergens naartoe reed. Alles bij elkaar gaf dat onze reis naar Amsterdam een heel fijne sfeer. We gingen op weg naar dat ene moment waarop Loiza 'compleet vrouw' zou worden.

Toen Loiza zich moest voorbereiden op de operatie, hebben we haar zo veel mogelijk geprobeerd te ondersteunen. Ze kreeg bijvoorbeeld een laxeermiddel te drinken om haar darmen helemaal leeg en schoon te krijgen. Dat spul was echt heel vies, dus moedigden we haar steeds aan: 'Kom op, drink nog een slokje. Nog ééntje. Ja, neem er nog maar eentje, het is bijna op.' Vijf liter laxeermiddel moest ze in totaal drinken!

De nacht voor de operatie had iedereen slecht geslapen. We werden vroeg wakker en wilden meteen weer naar Loiza toe. Bij hoge uitzondering mochten we haar nog even zien voordat ze naar de operatiekamer werd gebracht. We praatten even, spraken haar moed in en vertelden wederzijds hoeveel we van elkaar hielden. De dingen die ik toen voelde, zijn best lastig onder woorden te brengen. Het was een heel gemengd gevoel. Het was hartstikke fijn dat het nu eindelijk zover was. Tegelijkertijd bracht dit moment zoveel spanning met zich mee. Het is een heftige operatie en mijn moederlijke angst over of alles wel goed zou gaan, kreeg langzaam de overhand.

We wisten dat de operatie heel lang zou duren, dus we hadden van tevoren al bedacht om deze dag met de tram naar het centrum te gaan. Om er een 'lekker dagje Amsterdam' van te maken. Het plan was om ergens met z'n viertjes te gaan ontbijten. Een beetje rondwandelen, misschien wat winkelen en dan lunchen. We wilden iets doen om de tijd te doden terwijl we wachtten tot de verpleging ons belde. Zodra ze lieten weten dat Loiza terug op de afdeling was, zouden we meteen teruggaan. Het kon in onze ogen best nog een gezellige, vrolijke dag worden. Maar ja...

We zaten daar in die tram toen Maaike een berichtje op Instagram plaatste: 'Ik ben zo trots op mijn grote zus!' Ik las het en brak meteen. Ik barstte in huilen uit, dat zul je wel snappen. Die hele ochtend stond in het teken van het feit dat zij daar op die operatietafel lag, waardoor wij ons eigenlijk helemaal niet konden ontspannen. Het nam me volledig in beslag. We ontbeten wel, maar ik kreeg niet eens een croissantje naar binnen. We wandelden een stukje langs de grachten, maar genieten van de stad, dat was er niet bij. We besloten terug te gaan, zodat we snel bij Loiza zouden zijn als we werden gebeld. Een tijdlang hingen we rond in onze hotelkamer, tot het verlossende telefoontje eindelijk kwam.

'Ze is terug.' Loiza was heel suf en was nog niet helemaal bij, maar wat waren we opgelucht en blij. Het was goed gegaan. Loiza was nu gewoon écht een vrouw!

Toen we eenmaal samen in die badkamer zaten om haar te verzorgen, zag ik wat er allemaal veranderd was aan haar lichaam. Het was bijzonder om te zien. Het leek wel alsof haar lijf zelf allerlei aanpassingen had gemaakt, los van de operatie. Haar lijf was zoveel vrouwelijker. Ik zag haar mooie taille, haar ronde heupen en borsten. Het prachtige totaalplaatje was er zó'n bevestiging van dat dit was wat er moest gebeuren. Dat die operatie nodig was geweest om van mijn dochter een échte vrouw te maken, ook al zag ik haar al die tijd al als een volwaardige vrouw. In die badkamer kon ik alleen maar verzuchten: 'Wat ben je prachtig! Wat ben je een prachtig mens, een prachtige vrouw!' En ja, de boel moest nog helen, maar ik wist dat dit helemaal goed zou komen.

# 19

# Een geslaagde operatie

*Loiza*

*Hallo Loiza,*

*Ik zou je alles willen vragen, over het hele proces, maar dan moet je een boek schrijven om al mijn vragen te beantwoorden. Dat zal niet zo gemakkelijk gaan en je hebt het al druk genoeg. Ik zag dat je van de zomer een groep kinderen van de basisschoolleeftijd tijdens een zomerkamp over je traject vertelde en toen ik daar op een afstandje naar stond te luisteren (ik hoorde niet bij de staf, maar ik ben de moeder van een van de genderdysfore kinderen die daar waren), viel het me op hoe empathisch jouw antwoorden waren. Dat doe je zo goed! Ik wilde dat iedereen met jouw invoelingsvermogen naar deze kinderen zou kunnen kijken.*

*Mijn vraag is: in hoeverre kan je operatie je een*

*'echte' vrouw maken? Krijg je ook een vagina? Een baarmoeder natuurlijk niet, dat snap ik wel. Ik gun het mijn dochter om later echt intiem met iemand te kunnen zijn.*

*Als je een momentje overhebt voor mijn vraag, hoor ik heel graag van je.*

*Hartelijke groet,*
*Caroline*

De eerste vijf dagen in het ziekenhuis zijn heel bijzonder. Het was zo fijn dat mijn hele familie er was. Ze kwamen in deze vijf dagen zo vaak mogelijk langs het VUmc om bij me te zijn. Mijn moeder verbleef al die tijd in dat gastenverblijf; zij was er dus elke dag en kwam zo'n beetje elk uur even bij me zitten. Er waren vrienden en andere familieleden die langskwamen. Ik had veel pijn die eerste dagen, maar deze steun hielp veel. En ook zij stellen me dezelfde prangende vraag als Caroline: heb je nu ook een vagina? Het antwoord is heel simpel: ja, die heb ik.

De laatste dag in het ziekenhuis kwam de dokter bij mijn bed en gingen de katheter en infusen eruit, en kon het helingsproces beginnen. Ik kon inmiddels zelf naar het toilet en douchen. Bij wijze van test moest ik compleet uitplassen voor de dokter, waarna er een klein inwendig onderzoek volgde. Ik zeg weleens: 'Ik ben voor de eerste keer in mijn leven gevingerd door mijn chirurg.' Zo'n grapjas ben ik dan ook wel weer. De chirurg moet namelijk goed voelen hoe de binnenkant is geheeld. Dat was gevoelig, maar het voelde vooral ook heel raar. Je kon opeens op een plek in mijn lichaam naar binnen, waar dat voorheen nooit kon.

Na de operatie was ik ook trots. Ik vroeg de hele tijd aan mijn familie of ze mijn vagina wilden zien. Dat wilden ze wel, alleen mijn broertje liep meteen weg. Ik snapte ook wel dat hij niet naar de vagina van zijn zus wilde kijken. Het voelde voor mij nog niet écht als een intiem onderdeel van mezelf. Ik voelde me letterlijk nog 'een project', dus iedereen mocht het zien, zelfs vriendinnetjes. 'O, wil je het zien? Nou, kijk maar hoor, geen probleem!' Op een gegeven ogenblik zei mijn moeder: 'Misschien is het nu wel een keertje tijd om die benen bij elkaar te houden. Dat je niet tegen iedereen roept: "Wil je het zien?"' Maar ik was de schaamte allang voorbij. Het was gewoon een peepshow, zo blij was ik na mijn operatie.

*Hoi Caroline,*

*Wat een aardige mail krijg ik van je, dank voor je lieve complimenten. Als je dochter dat wil, dan kan ze bij haar operatie een vagina krijgen. Je dochter hoeft geen intimiteit te missen, dat kan later gewoon.*

*Wat een leuke groep kinderen was dat, met wie ik van de zomer sprak, heel openhartig en ook heel gevoelig. Prachtig om te zien dat zij zich ook durfden open te stellen en over hun emoties durfden te praten. Dat is het belangrijkste om te blijven doen, vragen stellen en erover blijven praten samen.*

*Veel liefs aan jou en je dochter,*
*Loiza*

# 20

# Holland's Next Top Model

*Loiza*

*Hoi Loiza,*

*Ik herinner me nog dat je op televisie voor Nederland uit de kast kwam tijdens het programma* Holland's Next Top Model. *Ik kan me voorstellen dat er een grote druk op jou kwam te staan tijdens deze periode.*

*Mijn zoon Abel, geboren als mijn dochter Anne, zit nog aan het begin van zijn transitie. We hebben je weleens op televisie gezien, en ik durf met zekerheid te zeggen dat hij onder de indruk van je is. Abel wil dan wel geen mooie vrouw worden, maar jij hebt in zijn ogen de transitie wel succesvol doorlopen.*

*Ik merk dat Abel veel met zijn uiterlijk bezig is en niet zomaar een man wil worden. Nee, na zijn operatie wil hij graag een grote, knappe man worden. Gespierd het liefst ook. Ik zie ook dat hij de lat erg hoog legt voor zichzelf. Ik vroeg me af of je iets kon vertellen over jouw proces. Had jij weleens het gevoel dat je de ideale vrouw moest worden toen je de transitie maakte? Alsof het resultaat na de operatie 'perfect' moest zijn in alle opzichten?*

*Groet,*
*Mark, vader van Abel*

Het gebeurt niet vaak, maar af en toe worden mijn moeder en ik ook door jongens of mannen benaderd. Door jonge meisjes die twijfels hebben of ze wel echt een meisje zijn, of door vaders zoals Mark, die vragen hebben over hun kinderen. Mark raakt in deze brief wel een gevoelige snaar, want *Holland's Next Top Model* was een heftige tijd voor mij. Voor een transitie moet je veel moed en zelfvertrouwen hebben, en daar werd nog eens extra druk op gelegd doordat ik op televisie zou verschijnen. Doordat de wereld nog niet eens wist dat ik transgender was, lag er nog eens extra veel druk op. Op het moment dat ik in Nederland langzaam bekend werd, besloot ik meteen om breed en wel uit de kast te komen. Ik heb inderdaad ook een tijdlang het ideaalplaatje van een mooie vrouw nagestreefd, vooral tijdens mijn tijd bij François. Een programma zoals *Holland's Next Top Model* versterkt dat alleen maar.

Laat me je meenemen naar het begin.

Vlak na mijn operatie begon de casting voor *Holland's Next Top Model*, alsof het zo had moeten zijn. Toen ik hoorde dat ik bij de laatste vijfhonderd kandidaten zat, was ik in alle staten. Het leek er steeds meer op alsof mijn droom om model te worden ook daadwerkelijk een optie was. De eisen die aan onze foto's voor de volgende ronde werden gesteld, waren opeens een stuk hoger. Ik moest in bikini, in jeans met sporttop én chic in avondkleding op de foto. Kortom, er was nog wat werk aan de winkel. Samen met mijn moeder ging ik winkelen, en mijn tante maakte weer foto's. Snel stuurden we de nieuwe verzameling op. En toen kwam het bericht dat ik bij de laatste vijftig modellen zat, inclusief een uitnodiging om naar Amsterdam te komen. Op die bijzondere dag nam ik mijn moeder en zus mee op sleeptouw.

Op locatie moest ik gaan poseren en werden er ter plekke nog meer foto's geschoten. Ik liep voor het eerst over een catwalk, wat ik nog nooit eerder had gedaan. De feedback was ontzettend positief, dat had ik echt niet verwacht. Ik keek veel naar modellen op televisie, maar had geen idee wat ik nu eigenlijk aan het doen was. Ik was er natuurlijk wel héél blij mee, dat het zo goed ging. Daarna volgde er nog een interview. Dit was echt al een casting voor het programma, besefte ik. Ze wilden natuurlijk een groep meiden bij elkaar hebben die qua persoonlijkheid interessante televisie zouden opleveren. In deze fase vertelde ik nog niets over mijn transgendertraject. Ze stelden vragen zoals: 'Hoe is je persoonlijkheid? Stel dat je ruzie krijgt met iemand, stel dat...?' Ze legden allemaal scenario's op tafel waar ik op moest reageren. Ze wilden gewoon weten: 'Wie ben jij, wie kun jij zijn? Hebben we een lekkere herrieschopper, een rustige meid, een dramaqueen en een vredestichter bij elkaar verzameld?' Daar komen echt ook een beetje de elementen van reality-tv naar voren. En ze vragen ook: 'Zijn er nog dingen die jou bijzonder maken, en zo ja waarom?' Ik wilde niet liegen, maar ik wilde ook niet wéér moeten vertellen dat ik transgender ben. Ik heb om het hele verhaal heen gedanst.

Opeens was ik klaar, en binnen twee weken zou ik meer horen. Het wachten was slopend, vooral toen de twee weken voorbij waren en ik nog niets had gehoord. Ik vroeg aan mijn moeder: 'Als jij het al weet, mam, vertel het me dan. Ik acteer wel gewoon dat ik verrast ben als ze me bellen, vertel het me gewoon!' Ik laat dan ook echt niet los, ben dan echt zo'n doordrammer. Ik maakte het mezelf én mijn moeder nogal zwaar. Zij zei niets te weten, waarop ik tot me door liet dringen: 'O shit, ik ben het niet geworden!' Ik baalde enorm en was er echt even verdrietig van. Wat bleek? Op dat moment wist mijn moeder al twee dagen dat ze me later zouden komen overvallen op school. Het was voor haar natuurlijk heel moeilijk om haar mond te houden. Normaal gesproken hebben wij helemaal geen geheimen voor elkaar, maar dit wilde ze niet voor me verpesten.

Twee dagen later stond Anouk bij me in de klas, met mijn moeder erachter. En een grote camera. Een heel team stond daar in de klas, en zo werd ik dus overvallen. Terwijl ik die opleiding aan het doen ben. Mijn tante was meegekomen en ook mijn zus was erbij. Ze hadden iedereen ingelicht, dus iedereen was erbij. Ik huilde, mijn moeder huilde, mijn zus huilde. Emotionele familie, hoor! Ik moest daar ter plekke en te midden van alle emoties een contractje tekenen. Een contractje van 'Je doet mee aan *Holland's Next Top Model*, je weet en gaat ermee akkoord dat je op tv komt, en je bent je bewust van de consequenties. Dat je je beeldrechten van de opnamen kwijt bent, dat je naar Endemol gaat, en dat je geen claims gaat indienen als je meedoet. En dat je op een gegeven moment je telefoon en je paspoort inlevert.' Best een informatief basiscontract eigenlijk. Ik kreeg tien dagen om mijn spullen te pakken en mijn paspoort te verlengen, en dan zouden de opnamen van start gaan. Dat was kort, want ik bleek een heleboel outfits nodig te hebben die ik bijna allemaal nog moest kopen. Ik kreeg een paklijst van wat ik moest meenemen en waar ik allemaal rekening mee moest houden. Plus een enorm pak met vragenlijsten, ditmaal ook een soort psychologische vragenlijsten. 'Zijn er dingen in je leven die je hebt meegemaakt, die je getekend hebben, dingen waar we rekening mee moeten houden?' Dat soort vragen.

Ik had op dat moment nog steeds niet verteld dat ik transgender was. Dat was zo spannend. Wat moest ik doen, moest ik het nou zeggen? Mijn gedachten buitelden over elkaar heen. Misschien moest ik het bij de productie aangeven? Mijn verhaal is niet geheim of zo, als ze even goed zoeken op internet weten zij het ook. Stel dat ze het al weten, welke consequenties zitten daar dan aan? Is dat een voordeel of een nadeel? Ik had straks waarschijnlijk wel een verhaal te vertellen. Men zou het toch zien en dan kregen we van die stomme verhalen en roddels. Of wilden ze niet dat ik mee zou doen en mocht ik straks het modellenhuis niet in? Daar was ik op dat moment echt bang voor.

Ondanks alles benaderde ik heel schoorvoetend, nog voordat ik het modellenhuis in ging, mijn vaste contactpersoon David. Die situatie zal ik nooit meer vergeten. Ik vond het zo spannend om te doen, maar wat heb ik een geluk gehad met David. Hij is na die tijd een heel goede vriend geworden, en dat is hij nog steeds. David heb ik via de mail laten weten: 'Ik heb de vragenlijst ingevuld, maar ik heb één ding niet gezegd: ik ben transgender.' David belde me bijna meteen op en zei: 'O, meisje, wat heb je dat goed gedaan! Wat goed dat je meedoet, en fijn dat je het aan me vertelt.' Ik was zo bang dat ze me eruit zouden schoppen, maar dat bleek nergens voor nodig.

Achteraf snap ik natuurlijk dat er juist een grote kans was dat ze me er niet uit hebben geschopt. In de televisiewereld is zo'n verhaal juist goed voor de kijkcijfers. Ik begrijp nu dat ze me er júíst in zouden willen hebben. Hoe bijzonderder het verhaal van de deelnemers, hoe interessanter het is om naar zo'n programma te kijken natuurlijk. Zo werkt het gewoon. In de 'gewone' wereld, en al helemaal wat betreft de televisiewereld. David was daarom juist zo blij met me, omdat ik binnen ben gekomen zonder dat ik deze 'troef' heb gespeeld. Ik mocht meedoen omdat ze in mij een potentieel model zagen, niet omdat ze dachten dat mijn verhaal kijkers zou trekken. Hij reageerde: 'Lieverd, ik ga hiermee aan de slag. Maak je geen zorgen, we gaan het geheimhouden als jij dat wilt.' Ik wilde inderdaad niet dat de juryleden of de andere meiden het al wisten. Het was voor mij enorm belangrijk dat ik geen voor- of nadelen vanwege mijn situatie zou ondervinden. Ik wilde de wedstrijd op eigen kracht spelen, net zoals alle andere vrouwen in het modellenhuis.

Drie dagen na het telefoontje van David hadden we een gesprek bij Endemol in Amsterdam, met het hoofd van de productie en het hoofd van de redactie. Mama was natuurlijk mee. Daar voerden we samen nogmaals het gesprek over mijn transitie. De reactie is opnieuw: 'We zijn blij dat we het niet van tevoren wisten. Zodat we altijd kunnen zeggen: we hebben haar niet gecast puur omdat ze een transgender model is.' Ze waren dankbaar, terwijl ik nog steeds bang was dat ze toch boos zouden worden. En toen klonk de vraag: 'Wil je het vertellen? Weet je al hoe en wanneer je dit wilt gaan vertellen? Want ja, je weet natuurlijk niet hoe ver je komt.' We bepaalden ter plekke een strategie: in de tweede aflevering zou ik het tijdens de opnamen aan Fred van Leer vertellen. Hij was de coach van de modellen in het programma bij wie iedereen zijn zorgen kwijt kon. Zodra die aflevering zou worden uitgezonden, zouden alle kijkers in Nederland het ook weten. Bij de opnamen voor aflevering twee heb ik inderdaad met Fred gesproken. We draaiden dit gesprek met één verslaggever, een cameraman en een geluidsman. Zij moesten een contract tekenen met boeteclausule: ze moesten mijn verhaal voor zich houden en bijvoorbeeld niet aan de rest van de camerateams en productie vertellen. Dat is spannend, want behalve Fred wist verder nog niemand in de productie het. Alleen David, de productieleider en de redactieleider, maar de rest van het team niet. Dat is ongekend, want normaal gesproken weet de hele productie altijd alles van iedereen.

Maar laten we teruggaan naar het begin van mijn HNTM-avontuur. Voordat ik het huis in ging, was ik nogal bang om weer last van heimwee te krijgen. Het was de eerste keer na mijn tijd in Spanje dat ik zo lang van huis zou zijn. Ik was ook bang dat ik zou terugvallen in de onzekere Loiza, dat ik weer over me heen zou laten lopen. Maar dat bleek allemaal onnodige angst te zijn, ik bloeide daar echt op!

In die groep werd ik weer de clown. Ik voelde respect voor de andere meiden. Het waren stuk voor stuk prachtige vrouwen. Ik merkte dat ze ook respect voor mij hadden, waardoor ik wat rustiger werd; ik zat niet in mijn militante modus. Ik was wat rustiger en nam niet onmiddellijk de overhand in de groep. Eerlijk gezegd denk ik dat die leiderschapsrol, zoals ik die op de diverse opleidingen bijvoorbeeld wel had, door een bepaald overlevingsmechanisme in de hand werd gewerkt. Want dan had ik de regie en konden gemene meiden me niets maken. Maar in deze groep was ik wat gezelliger, gewoon leuk. Zeker aanwezig, maar ik was niet zoveel aan het sturen. Er zat één meisje bij van wie ik merkte dat die wel heel erg leidend was, waar bijna een soort pestgedrag in doorklonk. Ik heb haar een keer aangepakt in het programma, omdat ik het pesten niet pikte. Daar kwam die beschermende kwaliteit van mij weer naar boven: opkomen voor mensen die zichzelf wat minder goed kunnen verdedigen. Maar ondanks dat akkefietje heb ik ontzettend genoten van deze tijd. Ik was gewoon een van de vrouwen in die setting, niets meer en niets minder. Ik hoefde mijn verhaal niet te vertellen, de andere meiden wisten niks. We douchten met z'n allen. We deelden een badkamer en liepen daar gewoon naakt naartoe. Ik was daar gewoon helemaal vrij. Mijn lijf klopte en ik leefde mijn droom in het programma. De meiden waren leuk, en elke dag dat ik nog in het programma zat was gewoon een cadeautje.

Natuurlijk voelde ik ook wel enige onzekerheid. Dat kon ook bijna niet anders als je met zoveel mooie vrouwen in één huis zit. In het begin waren het maar liefst elf andere prachtige vrouwen, en ik besefte opeens hoe mooi en getalenteerd de andere meiden waren. Sommigen hadden al een modellencarrière en ik had op dat moment natuurlijk nog niets gedaan. Maar ik probeerde gewoon te genieten. Het hielp dat ik niet bezig hoefde te zijn met de dag van morgen. Ik was afhankelijk van wat de programmamakers voor ons bedachten, dus ik kon de controle loslaten en in het moment leven.

## Een afvalrace

Hoewel er een fijne sfeer in het huis hing, was het natuurlijk wel een wedstrijd. En als je door zoveel mooie vrouwen omringd wordt, de een nog prachtiger dan de ander, dan voel je je vanzelf weleens onzeker. Maar ondanks die onzekerheid wist ik het zeker: ik wilde deze wedstrijd winnen. Als ik ergens voor ga, dan ga ik er ook helemaal voor. In dat opzicht ben ik een strijder en ook hartstikke competitief. Ik deed alles om de finale voor *Holland's Next Top Model* te halen, dat was mijn doel. In juni waren we klaar met de vooropnamen in het huis in Los Angeles. Ik wist dat in september de afleveringen zouden worden uitgezonden en dat de laatste liveopnamen in oktober of november zouden zijn. Dus gingen mijn gedachten als volgt: ja, ik ga naar de finale, ik wil winnen. Ik móét winnen. Wat kan ik doen om de finale te halen? Nog meer afvallen, dacht ik dan. Want in de modellenwereld geldt: je kunt niet slank genoeg zijn. Vanaf juni tot oktober ben ik nog eens zeven kilo afgevallen, boven op die twintig kilo die ik al veel eerder was kwijtgeraakt. Ik wilde er alles voor doen om topmodel te worden en geen eendagsvlieg uit een programma, dus ik besloot er alles voor te doen. En 'er alles voor doen' was in mijn ogen vijf keer in de week naar de sportschool en minimaal eten. Mijn ontbijt bestond uit twee eetlepels kwark, en niet meer dan dat. Als tussendoortje at ik weleens fruit, maar dan slechts een halve appel. Tussen de middag was het letterlijk drie eieren, waarvan maar één met eigeel. Met misschien een beetje sla ernaast. Of in plaats daarvan een kinderhandje noten. In de avond was het hoogstens een beetje groenten en een stukje vlees of vis. Ik dronk veel water, en daarnaast koffie en thee. De alcohol liet ik staan. En dan dus vijf keer in de week cardio om de calorieën er weer af te sporten. Ik was heel gedisciplineerd in die tijd, dat ben ik in het normale leven niet zo. Dat komt alleen naar boven wanneer ik écht iets wil. Met honger gaan slapen kon ik dus ook, dat heb ik wel geleerd. Ik kickte ook wel op het hongergevoel. Honger gaf aan dat er weer een paar gram of misschien wel tien af ging, en daar werd ik blij van. Bizar eigenlijk! Dit was absoluut ongezond gedrag en ik raad het niemand aan. Als je zo obsessief bezig bent met slank (of zeg maar broodmager) worden, dan ligt anorexia op de loer. Ik ben gelukkig niet in die kloof gedonderd, maar ik liep langs de rand, dat wist ik wel.

Ik deed in die tijd nog meer rare dingen om verder af te vallen. Op een gegeven moment hoorde ik dat roken zou helpen tegen de hongerimpuls, dus begon ik sigaretten te roken. Je wordt er in het begin wat misselijk van, en dus eet je minder. Nou, dat is niet eens zo verkeerd, dacht ik, ik ga gewoon zes maanden roken, dan val ik nog wat af, en daarna stop ik gewoon.

Voor de meiden die dit lezen en er heil in zien: ik wil je echt waarschuwen. Je lichaam is zo kostbaar, doe dit jezelf en je lijf níét aan. Ga niet koste wat het kost afvallen omdat je het beeld hebt dat je te dik bent. Ik ben misschien in sommige opzichten een voorbeeld, maar laat me je dit vertellen:

in dit gedrag moet je me absoluut níét volgen. Geniet van je leven, doe alles met mate, ook wat afvallen betreft – als je dat graag wilt. Ik zie aan mijn moeder dat ze aan de ene kant trots op me is omdat ik zo'n doorzettingsvermogen heb. Daar steunt ze me onwijs in; ze vindt het prachtig dat ik altijd mijn dromen najaag als ik ze eenmaal voor me zie. Maar aan de andere kant heeft ze op sommige momenten ook angst gehad dat ik er te veel in doorsloeg. Terugkijkend op die periode vind ik het een beetje gek dat ze nooit echt hard heeft ingegrepen toen ik zo ongezond bezig was. 'Je kunt dit, je gaat dit doen en ik sta achter je,' vertelde ze me steeds. Terwijl ik steeds magerder werd. Soms vraag ik me af: had mijn moeder niet harder moeten ingrijpen, toen ik zo streng voor mezelf was?

Ook al had ze ingegrepen, het had vast niet geholpen. Ik ben immers nogal eigenwijs. Maar ik had ergens verwacht dat ze het wel zou proberen. Mijn moeder vocht altijd voor mijn bestwil, ze stond altijd achter me. Waarschijnlijk is haar steun dus zo groot geworden dat ze ook achter me stond op momenten dat ze mijn gedrag helemaal niet goedkeurde. Ik besefte natuurlijk dat ik op dat moment mijn eigen lijf behoorlijk in de steek liet. Dit deed ik vanuit pure ambitie om in de modellenwereld vooruit te komen. Ik denk dat mijn moeder misschien helemaal niet in de gaten had in hoeverre mijn ambitie tegen mijn gezondheid inging. Het succes en de trots die wij samen voelden, namen misschien de overhand. Daarnaast heeft mijn moeder me weleens verteld dat ze ervan uitging dat ik wel wist hoe ik met mijn lichaam moest omgaan doordat ze me steeds volwassener zag worden. Ze was onder de indruk van mijn ervaringen met filmopnamen, fotoshoots, het enorme netwerk van mensen dat ik had opgebouwd. Doordat ze merkte dat ik haar steeds minder nodig had, dacht ze dat ik wel op mijn eigen benen kon staan. We kwamen er beiden op een harde manier achter dat dat niet altijd waar was.

*Hoi Mark,*

*Toen ik bekend werd in Nederland als model, heb ik mijn best gedaan om een ideaalplaatje na te streven. Ik wilde altijd al een mooie vrouw zijn, maar als model komt er toch extra druk op je te liggen. Iedereen om mij heen was prachtig, ik wilde daar als transgender vrouw niet voor onderdoen. Ik kan me voorstellen dat Abel ook een plaatje in zijn hoofd heeft en later precies zo wil worden als die grote, knappe man die hij in zijn gedachten heeft.*

*Je mag als kind altijd dromen, dat heb ik zelf ook altijd gedaan. Zolang je als kind jezelf er maar niet op gaat afrekenen wanneer het leven toch anders blijkt te lopen en sommige dromen misschien niet uitkomen. Ik heb van mijn ouders altijd de boodschap meegekregen dat ik goed genoeg was, in welke fase van het traject ik me ook bevond of wat ik ook met mijn leven aan het doen was. Dat wilde ik niet altijd geloven, soms legde ik de lat inderdaad veel en veel te hoog. Ik heb zelf keihard tegen de lamp moeten lopen om een belangrijke les te leren, bijvoorbeeld toen ik te hard mijn best deed om af te vallen om topmodel te worden, en mijn gezondheid eronder begon te lijden.*

*Hopelijk kun je Abel het gevoel meegeven dat hij in jouw ogen altijd goed genoeg zal zijn, net zoals mijn ouders dat bij mij hebben gedaan. Als hij jouw onvoorwaardelijke liefde voelt, als hij weet dat jij er altijd voor hem bent, wat er ook gebeurt, als hij weet dat jij hem steunt in welke dromen hij ook heeft en hem altijd zult opvangen, dan vertrouw ik erop dat het goed zal komen.*

*Liefs,*
*Loiza*

Het verhaal over mijn gezondheid gaat eigenlijk nog verder. Op mijn drieëntwintigste kreeg ik namelijk een TIA, een bloedpropje in mijn hersenen. Dat ik veel wilde afvallen hoeft op geen enkele manier iets met de TIA te maken te hebben, het kan natuurlijk zijn dat het allemaal toevallig zo liep. Ik was aan het trainen in de sportschool en ik kreeg opeens koppijn. Zomaar vanuit het niets was er die barstende koppijn. In een snel tempo was het zo erg geworden dat ik moest gaan zitten. Ik drukte mijn handen tegen mijn slapen, min of meer in een poging om de pijn te dempen. De trainers in de sportschool zijn heel alert en schoten direct te hulp. Ik werd naar het ziekenhuis gebracht, waar ze onderzochten wat er aan de hand was. Maar dat het iets met mijn hersenen te maken had, werd algauw helder: toen ik de opdracht kreeg met mijn ogen dicht mijn eigen neus aan te raken, kwam mijn vinger uit bij mijn kruin. Het was goed mis. Ook had ik geen kracht in mijn rechterarm. Op basis van een scan stelde de neuroloog vast dat een bloedpropje de oorzaak was. Ik herinner me nog dat mijn ouders naast mijn bed zaten te huilen. Het is echt een enorme schrik wanneer je lichaam 'zomaar' iets raars doet. Ik zou het niemand toewensen, maar deze gebeurtenis heeft mij wel in positief opzicht veranderd. In één keer was het me glashelder wat de prioriteiten in mijn leven waren. Daarnaast werd ik bedolven onder de lieve brieven, appjes, mailtjes, bloemen en cadeautjes van vrienden en familie. Dat raakte me diep.

Dit was mijn wake-upcall: hoe je in het leven staat, zo krijg je het ook terug. Met een TIA in de sportschool in elkaar klappen na mijn obsessieve sport- en eetgedrag: daarmee was het willen afvallen klaar. Niet langer zou ik mijn lichaam in de steek laten, niet langer wilde ik zoveel reizen, zoveel honger hebben en mezelf zo kwellen. Ik wilde meer in Nederland zijn, ik wilde meer bij mijn familie en vrienden kunnen zijn en ik wilde beter voor mijn lichaam zorgen. Ik wilde meer gaan genieten. Ik wist dat ik altijd hormonen zou moeten blijven slikken, en dat ik niet langer kon doen alsof ik van gewapend beton was. Ik wilde zachter zijn voor mezelf. Ik moest mezelf eens goed lang in de spiegel gaan aankijken en bepalen hoe ik de toekomst voor me zag. Topmodel zijn vroeg nu dit obsessieve gedrag van niet goed voor je lichaam zorgen, maar dat wilde ik niet meer.

Mijn moeder trok precies diezelfde conclusie: 'Jij stopt nú met jezelf uithongeren, je gaat vanaf nu weer goed eten. Dat hoeft niet veel te zijn, maar wel gezond en afwisselend. Je stopt ook per direct met roken!' Daar was mijn moeder ook helemaal klaar mee. In het ziekenhuis waren zij en mijn vader echt bang geweest dat ze me zouden verliezen. Ik heb ze allebei nog nooit zo bang gezien.

# 21

# Een nieuwe depressieve periode

*Loiza*

*Hoi Loiza,*

*Ik hoef je niet te vertellen hoe mooi je bent, ik neem aan dat je dat zelf wel weet. Ik hoef je ook niet te vertellen hoeveel mensen tegen je opkijken, je hebt zoveel volgers op Instagram! Ik wil je een andere vraag stellen: ben je weleens depressief (geweest)? Ik doe namelijk een master psychologie en wil graag een kort stuk schrijven over de invloed van beroemd zijn op het hebben van depressieve gevoelens. Dus ik stel deze vraag aan een aantal bekende Nederlanders die in interviews bekend hebben gemaakt moeilijke perioden te hebben doorstaan. Heb je misschien tijd om een paar korte vragen te beantwoorden?*

*Bijzonder bedankt, Loiza, en ik hoop dat je nooit (meer) met depressie te maken krijgt.*

*Dag,*

*Finn*

Brieven die beginnen met zulke lieve complimenten, die doen mij ontzettend veel. Laatst barstte ik in huilen uit, omdat een jong transgender meisje me in de wachtkamer van het ziekenhuis had aangesproken. Ik hield het niet lang droog nadat ze me vertelde dat ik een inspiratie voor haar traject was geweest. Op zulke momenten bel ik altijd direct mijn vriendin Manon of mijn moeder, om daar al jankend over te vertellen. 'O god, ik heb iemand geïnspireerd!'

Het berichtje van Finn doet me denken aan het derde moment waarop ik mezelf helemaal kwijtraakte, vlak na *Holland's Next Top Model.* Ik won het programma, en daarmee een winnaarscontract. Het is een behoorlijke prestatie, maar heeft me echt persoonlijk ongeluk opgeleverd. Vaak denken mensen dat ik het dan over het contract zelf heb, waarmee ik aan allerlei afspraken vast zou zitten. Maar daar heb ik het niet eens over, want dat contract heb ik uiteindelijk niet eens getekend. Er stonden namelijk allerlei dingen in die ik er heel graag uit wilde, of wilde laten veranderen. Dat was geen optie, en dat zorgde er dus voor dat ik met mijn negentien jaar een grote beslissing moest maken. 'Nee, ik ga dit niet doen,' was mijn resolute antwoord. Sommige mensen noemen me om die reden arrogant, maar ik zie dat anders. Ik weet gewoon goed wat ik wil, maar ook wat ik niet wil. *Let's agree to disagree*, even goede vrienden, denk ik dan.

Ik ging na *Holland's Next Top Model* een wereld in waar ik zelf geen controle over had. Logischerwijs was ik steeds vaker weg uit de veilige wereld in Driel. Ik ondernam veel minder dingen samen met mijn moeder. Eerst puzzelden we steeds samen uit waar de stip op de horizon lag en hoe we daar zouden komen, nu hadden we plotseling geen grip meer op de situatie. Daarnaast hield ik me de hele tijd bezig met relevant blijven als model nadat ik had gewonnen. Ik wilde absoluut geen eendagsvlieg worden, ik wilde er mijn carrière van maken. Van sommige HNTM-winnaars hoor je nadat ze hebben gewonnen helemaal niets meer, en dat wilde ik niet voor mezelf. Je staat letterlijk en figuurlijk even in de schijnwerpers tijdens zo'n wedstrijd, maar na het winnen ervan ben je er nog natuurlijk nog niet. Ik kwam net kijken! Ik koesterde de hoop dat ik direct kon doorstomen en dat mijn carrière meteen volliep met de mooiste shows en andere waanzinnige projecten. Alleen gebeurde dat natuurlijk niet zo snel... Ik had gehoopt dat als ik honderd procent zou geven, het universum mij honderd procent zou teruggeven. Daarom stopte ik na *Holland's Next Top Model* met mijn baan bij François en met mijn opleiding. Maar wat gebeurde er? Ik zat thuis. Zonder werk, zonder opleiding, zonder geld. Ik zat maar te wachten totdat mijn carrière van de grond kwam. Met de dag werd ik depressiever.

Mijn moeder kon het niet langer aanzien om haar oudste kind ongelukkig te zien. Door onze hechte band werd haar natuurlijke reflex om andere mensen te helpen alleen maar sterker; ze ging aandragen, oplossen, fiksen en sturen. Ze probeerde mij op te vangen en vervolgens een bepaalde kant op te duwen. 'Misschien kun je dit, misschien wil je dat, misschien zou je... Of moet je niet toch weer gaan werken?' Dat ging niet zo lekker. Nee, ik wilde niet weer gaan werken als kapster. Ik dacht dat als ik nu niet doorzette, het over en uit was met mijn modellencarrière. Het motto is *fake it till you make it*. Hier speelde mijn oude manager een grote rol in. Hij liet me weten dat ik honderd procent beschikbaar moest zijn om altijd onmiddellijk te kunnen opdraven. Dus ergens een baan hebben, terwijl er misschien een modellenklus op de loer lag? Dat ging ik niet doen. Dat was ook een foute, hoor, de manager die ik toen in die tijd had. Hij heeft niet bepaald geholpen, niet met mijn carrière en niet met mijn welzijn. Het was een gevalletje 'veel beloven, weinig doen'. Dus daar zat ik, ongelukkig en depressief thuis op de bank. En mijn moeder stond aan de zijlijn alleen maar dingen te zeggen, oplossingen aan te dragen. Ik werd helemaal gek van de situatie.

Mijn broer heeft op een gegeven moment, nadat deze situatie een jaar lang aanhield, ook gezegd: 'Ik haat thuis, ik trek thuis niet meer!' Het hele gezinsleven werd weer ontwricht, terwijl we samen zo goed door het hele transgendertraject waren gegaan. Mijn moeder en ik waren zo bepalend voor de sfeer thuis, en in die periode botsten wij gigantisch. Het was juist onze sterke band die ervoor zorgde dat we elkaar nu tegenwerkten. Ik zag haar pijn en onzekerheid, en ik weet hoe ze mij op dat moment zag. Ik had mijn eigen angsten, waar haar pijn en onzekerheden nog eens bovenop kwamen. Dat alles bij elkaar was te veel, het blokkeerde me. Ik durfde daardoor niet meer alles tegen haar te zeggen, terwijl dat voorheen wel zo was. Als ik mijn angsten weer met haar zou delen, zouden haar pijn en onzekerheden groeien, en werden alle negatieve emoties alleen maar steeds meer. Nee, we wilden het niet nog eens erger maken door onze eigen problemen weer bij de ander neer te leggen. We liepen in die periode op onze tenen als we bij elkaar in de buurt waren.

Ik heb geen spijt van hoe we het transitietraject hebben doorlopen, maar sommige dingen uit onze relatie waren niet helemaal correct. Eigenlijk hebben mijn moeder en ik te veel als een soort Siamese tweeling met onze emoties aan elkaar vastgezeten. We namen de hele tijd elkaars problemen onbewust over, waardoor een liefdevolle band plotseling giftig kon worden. Ik kon niet vallen, ik mocht mijn eigen fouten niet maken, want dan had mijn moeder – en dus ik ook – veel verdriet. Mijn moeder stond daarom altijd voor me klaar. Dat was van jongs af aan heel fijn; ik hoefde daardoor geen verantwoordelijkheid te nemen. Want mama loste het wel op. Als ik mijn huiswerk niet af had, dan hielp mama me wel. Ik hoefde niet te vragen: 'Wil je helpen, mama?' Nee, nog voordat ik het vroeg, stond ze er al. Daar zit heel veel liefde in, maar ook een obsessie. Ik ontwikkelde daardoor het beeld dat ik niet zonder haar hulp kon.

Hier eerlijk naar durven te kijken doet echt wel wat met me. Dan zie ik hoe vaak ik eigenlijk als een gewond vogeltje ben behandeld. Een gewond vogeltje dat verzorging en koestering nodig had. En eerlijk is eerlijk, daar kon ik op sommige momenten misbruik van maken. Want ja, mama zou het allemaal wel oplossen. Op andere momenten voelde ik me hierdoor ook heel erg geïsoleerd en schuldig, want ik zag wat het deed met ons gezin. Ik was telkens degene die ellende veroorzaakte. Als ik er achteraf op terugkijk, dan zie ik dat ik niet helemaal gewoon kind heb kunnen zijn en niet mijn eigen fouten kon maken. Ik kon niet ontdekken wat er gebeurt als je op je bek gaat, of als je dikke, vette fouten maakt. Daar was geen gelegenheid voor, dat liet mijn moeder niet toe. Ze zegt het af en toe nog steeds: 'De andere twee [mijn zus en broer], die redden het wel. Zij weten wel hoe ze gelukkig moeten worden, maar Loiza heeft daar hulp bij nodig.' En op dat laatste, daar lag telkens haar focus. *Zolang Loiza maar gelukkig is.* Dat betekent trouwens niet dat ze die andere twee totaal vrijgelaten heeft, want uiteindelijk is ze als moeder bij alle kinderen heel betrokken geweest. Mijn broer hoefde echt niet een uur eerder van school terug te komen zonder een legitieme reden, want zij had allang op het leerlingvolgsysteem Magister gezien dat er geen lessen waren uitgevallen en dat hij dus aan het spijbelen was. Cijfers had ze meestal al eerder op Magister gezien dan wij. Die controle heeft ze altijd wel gehad, hoewel het bij mij nog een graadje erger was.

Ik zat tijdens deze depressieve periode dus thuis op de bank. Anders dan bij de andere 'zwarte gaten' waren er nu geen bitches in de buurt die me het leven zuur maakten zoals op de middelbare school of in Spanje. Deze keer had mijn stemming vooral te maken met het feit dat ik probeerde mijn eigen instelling te veranderen. Ik wilde namelijk iemand anders zijn dan wie ik was. Ik wilde dat succesvolle topmodel zijn, en zolang ik dat nog niet was, probeerde ik het te faken. Maar juist doordat ik mezelf probeerde te veranderen, stond ik niet meer in mijn eigen kracht. Mijn houding en levenswijze paste ik aan aan het beeld waarvan ik dacht dat andere mensen het van me wílden zien. Ik wilde dat mensen me zagen als een echt topmodel, en zeker geen eendagsvlieg. Dat beeld probeerde ik de wereld af te dwingen. Aan verwachtingen proberen te voldoen is een rode draad in mijn 'zwarte gaten'. Eerst probeerde ik aan de verwachtingen te voldoen van andere bitches, nu was ik er een voor mezelf. En die verwachtingen waren groter dan ooit. Met als gevolg dat ik mezelf als het ware omlaaghaalde. Ik had gedachten als: mensen denken alleen goed over me als ik dit of dat doe. Pas als ik me op deze manier ga gedragen, vinden ze me leuk. Ik plaatste de mening van andere mensen op een voetstuk en gaf daardoor eigenlijk de macht weg. Ik legde de regie over mijn leven in de handen van andere mensen. Als ik er nu op terugkijk, vind ik dat zo bizar.

Net zoals de meeste kinderen, was ik toen ik een jaar of vijf was totaal niet bezig met hoe anderen naar me keken. Als dat wel zo was geweest, zou ik waarschijnlijk nooit het transitietraject in zijn gegaan, dat zou ik dan nooit hebben gedurfd. Niemand begreep waarom ik een meisje wilde zijn, maar daar had ik op dat moment schijt aan. Natuurlijk maakte me het wel uit dat ik gepest werd. Dat wil niemand, en bovendien wilde ik niet onderdanig zijn aan nare kinderen. Maar toen ik wat ouder werd, kwam die onzekerheid naar boven. Ik was die mooie vrouw geworden, en nu moest ik het waarmaken ook. Na alle ups en downs weet ik nu wat ik waard ben. Ik zal de macht over mijn leven en hoe ik me voel nooit meer zo makkelijk aan een ander afstaan.

*Hoi Finn,*

*Ik ben drie keer in mijn leven depressief geweest, of ja, depressievig. Niet tot het punt dat ik suïcidaal werd, maar ik heb wel diep in de put gezeten. De eerste keer duurde het een maand of negen, dat was in de derde van de havo. Daarna weer een maand toen ik zeventien was. De derde keer is nu drie jaar geleden, die periode was het ergst. Het duurde twee jaar voordat ik me beter voelde. In al deze perioden gaf ik steeds de macht over mijn leven weg, waardoor ik mezelf klemzette. Ik heb me inderdaad waanzinnig beroerd gevoeld, daar durf ik eerlijk over te zijn. Ik hoop inderdaad dat het me nooit meer zal overkomen, maar dat weet je nooit zeker. Ik weet wel dat ik de volgende keer eerder ga ingrijpen en de macht weer terug zal nemen.*

*Stuur me gerust je vragen op, dan zal ik mijn best doen ze te beantwoorden.*

*Veel succes met je opleiding!*

*Groetjes,*
*Loiza*

Het was niet dat ik na *Holland's Next Top Model* helemaal niets te doen had, maar modellenwerk is nu eenmaal onregelmatig en je zult je best moeten doen om je carrière op te bouwen. Je moet contacten leggen, en dat duurt even. Ik zat in die tijd steeds op nieuwe telefoontjes te wachten, en op het moment dat er boekingen binnen zouden komen. Gelukkig kreeg ik steeds meer opdrachten, en zo ging ik onder andere op reis om de Fashion Week in New York te lopen. Ook vertrok ik regelmatig om in Duitsland en Engeland te werken. Tijdens deze reizen ging ik braaf op tijd naar bed; ik ging niet met de andere modellen mee naar clubs, zoals de meeste anderen wel deden. Niet te begrijpen eigenlijk; ik had zoveel meer van die tijd kunnen genieten! Ik had zoveel meer lol kunnen hebben door met mijn vriendinnen mee uit te gaan. Maar ik durfde het niet te riskeren om er tijdens een show iets minder mooi uit te zien, omdat ik een nacht had doorgehaald... Nee, ik wilde en moest zo snel mogelijk doorstomen als topmodel. Het voelt een beetje alsof ik mezelf toen in de steek heb gelaten door zo streng te zijn.

Aan de andere kant denk ik dat het goed is geweest dat ik niet meteen ben opgeklommen naar het niveau dat ik wilde. Ik was nog zo jong en had nog veel te leren. In deze tijd voerde ik veel gesprekken met een coach, en zij liet me inzien dat alles met een reden gebeurd. Deze periode was ook nodig, ook dit gebeurde met een reden. 'Alles wat in je leven komt, zijn lessen die je moet ondergaan,' vertelde ze me. Ik vind mezelf een nuchter persoon, maar hier ben ik wel een beetje spiritueel in. Iedereen krijgt op zijn pad wat hij aankan, en om daarvan te leren.

Deze periode heeft me inderdaad veel zelfkennis gegeven, en uiteindelijk ben ik van de bank af gekomen. Ik trok er weer op uit, ging op pad met vriendinnen om koffie of wijn te drinken. Ik kreeg meer werk. En het belangrijkste was misschien nog wel dat ik een andere manager kreeg: Vanessa. Terwijl mijn vorige manager me steeds dieper in dat zwarte gat hielp, zorgde Vanessa ervoor dat ik mezelf kon terugvinden. Samen stippelden we het pad uit dat ik wilde bewandelen als model en bekeken hoe ik graag wilde dat mijn carrière zou verlopen. Daardoor werd de drang om me anders voor te doen dan ik was steeds minder sterk. Ik hoefde niet langer extreme verwachtingen na te streven, maar kon gewoon de Loiza zijn die ik wílde zijn. Mijn moeder zei laatst: 'Toen je Vanessa ontmoette, toen wist ik dat ik je echt kon loslaten. Ik wist dat je bij haar veilig zou zijn in deze modellenwereld.' Ze had helemaal gelijk. Mijn zelfvertrouwen kwam ook steeds meer terug. Ik durfde weer te genieten en hoefde niet voortdurend op mijn hoede te zijn.

# 22

# Waarom ik me schaam

*Loiza*

*Dag lieve Loiza,*

*Dit is niet zo'n gemakkelijke brief om te schrijven. Ik volg je al een tijd en ik zie dat jij door allerhande stormen heen jezelf bent en blijft. Vooral bij* Expeditie Robinson *flikte je het toch maar weer. Ik ben een alleenstaande moeder van twee dochters. Sanne was bij de geboorte al een meisje en Suzi, de jongste, begon dit leven als jongetje, maar maakte iedereen al snel duidelijk dat ze vanbinnen een meisje is.*

*Vanwege mijn werk moesten we halverwege de middelbare school naar een andere stad verhuizen. Sindsdien is er iets rampzaligs veranderd bij Suzi; ze wil eigenlijk niet meer naar buiten, ze schaamt zich werkelijk overal voor. Ik heb goed contact met haar vader, en we hebben samen een kindercoach/*

*psycholoog gevonden, maar die gesprekken lijken niet veel uit te maken. Haar schaamte legt alles lam. Herken je dit, en heb je misschien tips voor ons? Dat zou ons echt ontzettend helpen.*

*Veel dank als je wilt reageren!*

*Groetjes,*
*Nadja*

Het is vaak een taboe om je ergens voor te schamen. Toch wil ik er eerlijk voor uitkomen dat ik me weleens heb geschaamd over mijn transgendertraject. Er was één moment in het bijzonder, een herinnering die ik lang heb geprobeerd te verdringen. Het was tijdens Pride Rotterdam, vlak nadat ik *Holland's Next Top Model* had gewonnen. Ik werd uitgenodigd om een lezing over mijn traject te geven. Het was mijn allereerste lezing voor een onbekend publiek. De organisatie had me gevraagd om de toehoorders te inspireren, om er een positief verhaal met een goed einde van te maken. Per slot van rekening was mijn operatie goed gegaan en was ik daarna verkozen tot *Holland's Next Top Model.* Ze moesten vast hebben gedacht dat dat wel een goed verhaal ging worden. Ik was niet gewoon een beetje zenuwachtig voor deze lezing, ik was echt bloednerveus. Ik bereidde me goed voor, terwijl het enige wat ik hoefde te doen eigenlijk eenvoudig was: mijn eigen verhaal over mijn transitie vertellen. In het publiek zaten verschillende leden van de lhbtqia+-community. Ergens hoopte ik dat ze me met open armen zouden ontvangen; ik was tenslotte een van hen. Maar toen ik voor het publiek ging staan, stond ik te trillen op mijn benen. Ik was zo bang, en achteraf bleek dat terecht te zijn. Het leek wel alsof het hele publiek samenspande om mij met de grond gelijk te maken. Tijdens het vragenrondje begon het.

'Weet jij wel hoe het is om door je ouders te worden afgewezen?'

'Ben jij ooit op je uiterlijk voor een sollicitatie afgewezen? Waarschijnlijk niet, als ik je zo zie!'

'Ben jij je baan verloren doordat je de operatie in ging? Weet je wel hoe erg dat is?'

'Heb je enig idee wat een "gewone transgender" zoals ik allemaal heeft moeten doorstaan, en nu nog steeds moet doorstaan?'

'Mijn traject heeft de hele familie in stukken gescheurd, wat weet jij eigenlijk van dat soort problemen?'

Op deze manier kreeg ik de ene vraag na de andere. Mijn lezing maakte wat los, maar niet dat wat we wilden. Er kwam een enorme golf van minachting over me heen, het voelde heel denigrerend.

'Ik heb het in verhouding niet zo lastig gehad, nee.'

'Ik heb me tamelijk ongeschonden door de meeste dingen heen geworsteld, dat klopt.'

'Mijn kappersbaantje had ik zelf opgezegd, en ik kreeg er inderdaad een betere positie voor terug.'

'Ja, mijn ouders hebben me altijd gesteund, en mijn broer en zus ook.'

'Nee, ik voel me inderdaad geen slachtoffer of pestdoelwit meer. Ik heb geleerd daarboven te staan.'

Je snapt dat deze middag niet goed afliep voor me. Ik ben me vanaf dat moment gaan schamen voor mijn transgendertraject, omdat ik niet zo verschrikkelijk heb geworsteld als anderen. Ik heb het relatief goed gehad. Er was kennelijk een hiërarchie van lijden, en ik stond helemaal onderaan... Sindsdien ben ik me ervan bewust dat mijn verhaal dus ook 'te goed' kan zijn om geaccepteerd te worden in de lhbtqia+-gemeenschap. Er werd me van alles verweten. 'Jij weet niet hoe het is... Jij hebt geen recht van spreken... Jij hebt een veel te knap koppie... Jij mag helemaal niet klagen.' En ik geef die dingen ook gewoon toe: 'Inderdaad, ik weet niet hoe het is. Inderdaad, ik mag niet klagen en dat doe ik dus ook niet.' Toch vind ik het bizar dat er in mijn eigen community zoveel uitsluiting kan zijn. Ik hoorde er op dat moment zelfs helemaal niet bij volgens het publiek.

Inmiddels zijn we weer zes jaar verder en lukt het me beter om mijn schouders op te halen over zulke opmerkingen. Ik werd me bewust van het spelletje. 'O, zo werkt dat kennelijk: wie de meeste pijn lijdt, heeft gewonnen!' Daar moet ik dan ook wel weer een beetje om grinniken. Zo werkt de wereld in mijn ogen niet. Iedereen heeft te maken met uitdagingen en ja, de een heeft het zwaarder dan de ander. Maar dat betekent niet dat minder zware ervaringen niet gedeeld mogen worden, dat je niet verdrietig, boos of gefrustreerd mag zijn om je eigen nare herinneringen. Deze vervelende reactie van het publiek heeft me nog dankbaarder gemaakt voor het verloop van mijn leven. Ik zal nooit ontkennen hoe goed ik het heb gehad. Aan de andere kant bleef deze gebeurtenis toch confronterend.

Mijn schaamte is nog steeds niet helemaal weg, ik weet ook niet of dat ooit gaat gebeuren. Er komen elke dag weer mensen op mijn pad die het vele malen moeilijker hebben gehad dan ik. Ik herinner me kinderen die ik bij Berdache heb leren kennen van wie het traject een stuk moeizamer is verlopen. Kinderen van wie de ouders of andere familieleden minder accepterend waren, kinderen die veel erger gepest werden of die helemaal geen vriendjes of vriendinnetjes hadden. Dat is verdrietig, maar ik ben niet diegene die anderen buitensluit of pest. Ik wil me niet langer schuldig voelen, maar ik weet wel donders goed hoeveel geluk ik heb gehad.

*Lieve Nadja,*

*Dank je wel voor je verhaal en je brief. Je snijdt een probleem aan waar ik ook mee heb geworsteld en nog steeds zo nu en dan mee worstel.*

*Er zijn weinig gevoelens die me zo kunnen blokkeren als schuld en schaamte. Zelfs als je weet waar het vandaan komt, zelfs als je de oorzaak eigenlijk helemaal niet zo schaamtevol vindt, zelfs als je weet dat het probleem meer bij de ander zit dan bij jou, dan nog is het superberoerd om je te schamen.*

*De laatste keer dat het me overkwam, was heel heftig. Ik post nooit foto's van mezelf als jongetje op Instagram, maar die keer maakte ik een uitzondering. Ik had namelijk een foto van mezelf met mijn nichtje, tweeëntwintig jaar geleden en nu, waarbij we er allebei precies zo op stonden als toen. Die twee foto's plaatste ik naast elkaar op Instagram. Mensen plaatsten een heleboel lieve reacties en leuke comments. En toen... las ik een paar reacties waar de honden geen brood van lusten. Ik ga het niet herhalen, laten we zeggen dat er mensen zijn die mij dood willen hebben. Ik moest letterlijk overgeven toen ik het las. Ik heb in mijn boosheid en frustratie een heel boze video gemaakt over hoe respectloos ik het vond en wat ik van deze mensen dacht. Ik heb 'm niet gepost. Gelukkig vroeg mijn manager Vanessa (ondertussen een heel goede vriendin) me om er een paar uur over na te denken. En toen heb ik 'm gewist.*

*Telkens als ik aan die situatie terugdenk, schaam ik me. Ik voel me er heel beroerd door. Ik voel schaamte en afschuw – wat echt helemaal nergens op slaat, maar mijn gevoel laat zich niet zomaar wegpoetsen.*

*Je kunt je gevoel niet onderdrukken. Weet dat er niets is wat je kunt doen, behalve accepteren dat het is zoals het is. Misschien helpt praten, misschien ook niet. Hoe dan ook: op den duur slijt het en zul je jezelf steeds meer leren accepteren. Schakel misschien een andere psycholoog in, als je het gevoel hebt dat deze niet helpt. Weet dat als Suzi zich blijft schamen, ze ermee kan leren leven. Dat doe ik tenminste. De schaamte is er dan nog steeds, maar je gaat er niet meer door onderuit.*

*De wereld kan soms lelijk zijn, maar er zijn ook heel lieve mensen. Help Suzi deze mensen om zich heen te verzamelen.*

*Liefs,*
*Loiza*

# 23

# Is er een eindpunt?

*Loiza*

*Goedemiddag Loiza,*

*Hopelijk is het oké dat ik je schrijf. Ik kreeg je adres van S, hij heeft met je op school gezeten, je krijgt de groetjes van hem. Gisteren heb ik nog een paar dingen op YouTube van je gezien, heel tof wat je allemaal doet! Ik weet niet goed waar ik moet beginnen. We hebben veel gemeen, je loopt ongeveer drie jaar op me voor. Wat ik zo dolgraag wil weten: is er een moment dat het ophoudt, het 'transgender zijn'? Is er een moment dat je gewoon als vrouw gezien gaat worden? Voor mijn gevoel ben ik mijn leven lang bezig om vrouw te worden en hoewel mijn operatie achter de rug is, willen mensen telkens weer dat ik het 'ik ben een transgender'-verhaal vertel. Ik ben het zo zat. Ik dacht dat het ooit een keer klaar zou zijn. Is dat eindpunt er eigenlijk wel?*

*Doeg,*
*Cleo*

De vraag van Cleo is helemaal terecht. In mijn verhaal was er een periode, nog voor de operatie, waarin ik in het dorp verkozen was tot Kersenkoningin. Opeens was ik heel zichtbaar: 'Kijk mij eens vrouw zijn, in een schitterende jurk, rondgereden in een Rolls-Royce, podium op en podium af.' Opeens was ik enorm populair in het dorp en het pesten en de nare opmerkingen waren sindsdien afgelopen. Toen kwam mijn operatie en een paar jaar later de realityshow *Holland's Next Top Model.* Ik sleepte de eerste plaats in de wacht en kreeg bewondering en complimenten. 'Wat ben jij een prachtige en krachtige vrouw!' Heerlijk om te horen, kom maar op!

Mijn ultieme doel, vanaf mijn tweede of derde jaar, is tot nu toe altijd hetzelfde gebleven: vrouw zijn. En nu ben ik model en nog steeds heb ik het gevoel dat er op een afwijzende manier naar me gekeken wordt; ergens blijf ik voor sommigen 'het manwijf' of Lucas. Dat weet ik gewoon.

Het doel dat ik altijd voor ogen heb gehad, het ultieme doel 'vrouw zijn': als kind was ik daar heel naïef in. Ik heb altijd in mijn onschuld gedacht: oké, straks ben ik achttien, dan ben ik geopereerd en dan ben ik vrouw. En dan kan dat leven beginnen. Klaar, over, uit.

Maar toen ik een jaar of zestien, zeventien was, begon het me te dagen dat ik niet de enige was die mijn identiteit vaststelde.

Een gesprek met een psycholoog op die leeftijd maakte me duidelijk dat mijn droom om 'gewoon vrouw te zijn' niet zou uitkomen. Nooit. Ik kan wel vinden dat ik lichamelijk vrouw ben, maar de buitenwereld kan dat heel anders zien, en dat gebeurde ook. Voor iedereen die me straks (na de operatie) ziet, zal ik 'transgender' zijn, ook voor de mensen die me nooit gekend hebben vóór mijn operatie. Ik kan niet goed vertellen hoe deze bom op me inwerkt. Maar in zekere zin was ik ook wel dankbaar, omdat ik het slechte nieuws (want voor mij is dit heel slecht nieuws) op zo'n jonge leeftijd kreeg. *The only way forward is up from here.*

Het besef daalde dus in: ik zal straks lichamelijk een vrouw zijn, maar ik zal voor de buitenwereld altijd transgender blijven. Altijd. Dat gaat nooit weg en ik zit vast aan dit verhaal. Geketend voor het leven, zo voelt dat echt, nog steeds. En toen ik dat tien jaar geleden besefte, is dat een heel zware periode geweest.

Bij mijn opleidingen, in *Holland's Next Top Model*: telkens weer moest ik het verhaal vertellen. Ik ben niet gewoon een vrouw, nee, ik ben bijzonder, op een manier waarop ik helemaal niet bijzonder wil zijn. Bij nieuwe vriendschappen, als ik bezig ben met daten: steeds weer opnieuw moet ik mijn verhaal vertellen. De kranten en tijdschriften die over me schrijven: altijd is het 'transgender zijn' een onderdeel van het verhaal.

Diep vanbinnen heb ik het verlangen om gewoon vrouw te zijn. De meeste mensen met wie er 'iets' aan de hand is, kennen dat verlangen. Ik heb weleens gehoord dat ook prinses Juliana tijdens haar hele leven – ook als koningin – eigenlijk altijd het liefst 'gewoon een mevrouw' wilde zijn. Dat heb ik dus ook, en met mij veel transgenders.

*Dag Cleo,*

*Ik ben bang dat het antwoord 'nee' is. De meeste transgender vrouwen en mannen worden nog lange tijd – eigenlijk gewoon altijd – gezien als transgender. Ik hoop dat het de generaties hierna wel gaat lukken, maar ik ga dat echt niet meer meemaken. Wel probeer ik mijn steentje bij te dragen om meer begrip in de wereld te creëren en het onderwerp bespreekbaar te maken, in de hoop dat voor de generaties na mij dat 'moeten uitleggen' zal wegvallen. We zullen moeten blijven vechten voor een plekje in deze maatschappij. Nu is dat voor iedereen zo, iedereen moet werken voor zijn dromen en doelen. Maar jij, ik en vele anderen uit de lhbtqia+-community hebben nog een extra uitdaging.*

*Je bent niet alleen, maar dat betekent niet dat het fijn is. Dat is het zeker niet.*

*Liefs,*
*Loiza*

# 24

# De toekomst

*Loiza*

*Hoi Loiza en Mirjam,*

*Jullie hebben zoiets moois neergezet, de transitie van jou, Loiza, is zo'n steun in de rug voor een heleboel transgenders. Ik ben jullie daar zo dankbaar voor. Heb je ooit het doel neergezet om dit rolmodel te worden?*

*x*
*Shirley*

Na mijn derde 'zwarte gat' begonnen er dingen te veranderen. Ik besloot om anders in het leven te gaan staan. En wat ik toen zag, was dat de wereld om me heen, de energie, ook veranderde. Ik had een sterk 'heilig moeten', ik wilde mijn ambities waarmaken, en nu bewoog ik me meer naar accepteren van alles wat er is. Accepteren? Helemaal alles? Dat zal ik nooit honderd procent kunnen leren. In die tijd van mijn derde 'zwarte gat' heb ik gesprekken met een vrouw bij ons in het dorp gevoerd; daar vertelde ik eerder al wat over. Zij heeft altijd volgehouden: 'Het komt goed met jou, misschien volgende week, of over een jaar, maar je komt er wel.'

Ik heb de dingen die ik leuk vind om te doen, en ik heb echt nog wel een paar doelen. Ik zou het bijvoorbeeld leuk vinden om een keer in een film te spelen. Een gave campagne te doen, eventueel voor een parfum. Of voor Victoria's Secret; dat is al heel lang iets wat ik echt graag zou willen doen. Als eerste transgender een campagne voor Victoria's Secret doen, yes! Alleen maakten die dingen, deze ambities, me vaak heel onrustig, omdat ik elke dag dat ik mijn doelen nog niet had bereikt indertijd zag als een mislukte dag. En dat gevoel ben ik nog steeds niet helemaal kwijt. En daarom probeer ik dat nu als 'doel' los te laten, en meer van de weg ernaartoe te genieten. Om plezier te hebben met en van de dingen die ik wél nu al kan doen.

Het is niet altijd fijn om Loiza te zijn. Nee, uiteraard wil ik niemand anders zijn, maar Loiza is wel een type, hoor! Ga maar na: ik heb een New York Fashion Week mogen doen! En ik heb dus een week in New York gezeten; ik was twintig en ik zat gewoon een hele week in New York, en alles werd voor me betaald. Als ik erop terugkijk, heb ik daar amper van genoten. Want ik deed het, dat was mijn werk, en het was leuk dat ik weer wat geld had verdiend. Maar ondertussen zat ik in mijn gedachten te stressen over alle dingen die ik nog níét had bereikt: 'Ik ben er nog niet!' Die stress probeer ik echt los te laten. Dus daarom vind ik het lastig als mensen me vragen: 'Wat is je doel, waar wil je naartoe in het leven?' Ik heb mezelf uit elkaar laten rukken door mijn doelen, voor mij is het beter om me te concentreren op vandaag.

Kan ik de volgende generaties misschien helpen om in een iets vrijer land op te groeien? Dat zou ik fijn vinden. Want vooroordelen wegnemen, dat is voor mij cruciaal in het leven. En dat wil ik doen vanuit mijn eigen verhaal. Als je mijn boek tot hier hebt gelezen, dan snap je dat wel. Met mijn eigen inspiratie van hoe ik in het leven sta, hoop ik anderen te mogen inspireren en helpen. En daar word ik heel gelukkig van. Dat heeft heel veel waarde voor mij.

*Dag Shirley,*

*Dank je wel voor je e-mail en vraag. Ik denk dat ik je snap. Mensen vragen me: 'Loiza, wat ga je doen? Wil je de volgende Eva Jinek worden? Ga je acteren? Wil je je verdiepen in de journalistiek? Ga je doen wat Doutzen doet? Zou je een soort Oprah willen zijn? Of zijn er andere wegen die je wilt gaan?'*

*Dit is dus niet waar ik op stuur. Ik word te fanatiek*

*van doelen stellen. Dus dat laat ik los. De vraag die ik wel interessant vind: 'Volgens welke waarden wil ik mijn leven inrichten?'*

*Het eerste wat dan bij mij naar boven komt, is gelukkig proberen te zijn en daar ook anderen bij ondersteunen. Ik probeer voor mezelf de weg te nemen zoals die komt. Ik probeer mijn eigen geluk te laten groeien: dingen doen waar ik gelukkig van word in het werk. En ik ben ook nieuwsgierig naar waar anderen gelukkig van worden. Vaak komen daar heel onverwachte dingen uit. Voorbeeld van mezelf: ik ben nu ambassadrice van het Aidsfonds en dat vind ik heel bijzonder. Ik ben ambassadeur voor de Vrijheid; ik mocht op 5 mei het vredesvuur naar Leeuwarden brengen. En afgelopen 5 mei werd ook aan mij gevraagd: 'Wat is voor jou vrijheid? Wat wil je betekenen? En waarom sta je hier?'*

*Daar sta ik dan, ik heb het bevrijdingsvuur uit Wageningen meegenomen en aan Sybrand Buma overhandigd. Het bevrijdingsvuur, de kern van het nationale feest. Daar sta ik gewoon te vertellen over de strijd om het transgender zijn geaccepteerd te krijgen, en om in een mentaal vrije wereld te leven. Dan denk ik: lieve hemel, man, hoe cool is dit? Dat ik deze positie mag bekleden, zo bijzonder!*

*Ik ben voor sommige mensen een rolmodel, dat is fantastisch, dat heb ik ook nooit durven dromen. Het feit dat we nu een boek aan het maken zijn, ja, ik hoop dat wij jonge gezinnen met kinderen kunnen inspireren, en het pad misschien kunnen schetsen om eerlijk het gesprek met elkaar aan te gaan. Dat zijn de dingen die ik wil doen. En hoe dat later in mijn leven of in de toekomst nog verder vorm krijgt, dat weet ik niet. Mijn eigen geluk laten opbloeien en ook kijken of ik de wereld een stukje mooier kan maken dan hij is, dat is voor mij belangrijk. Hoe ik daarbij kan helpen? Geen idee, dat laat ik het liefst gewoon gebeuren.*

*Hoop dat dit antwoord je helpt, Shirley.*

*Liefs,*
*Loiza*

# 25
# De brief van Noortje

*Loiza*

*Dag lieve Loiza,*

*Ik heb net de aflevering gezien van* Been There, Done That *en wauw, wat ben jij een mooi mens, zeg! Het is echt toevallig dat ik vandaag deze aflevering zag, want gisteren heeft mijn zoontje zijn coming-out gehad op school. En nu gaat ze als meisje naar school met de naam Katie. Ze is achtenhalf jaar en het werd de laatste maanden en weken steeds moeilijker voor haar om als jongen naar buiten te gaan. Thuis kleedde ze zich al sinds ze kan lopen (!) als meisje. Het begon met een handdoek omwikkelen als rokje, mijn sjaal als haar, enzovoort. Sowieso van alles om maar een meisje te zijn. Ik zal je niet lastigvallen met alle andere leuke en lieve verhalen. Maar vanaf klein mensje tot nu toe is haar gevoel van meisje te willen zijn nooit weggegaan. Omdat ze steeds ongelukkiger werd, heb ik professionele hulp ingeschakeld, van een coach die zulke kinderen vaker helpt. Toen werd het ons al snel duidelijk dat ze door haar coming-out op school als meisje verder mag gaan leven. Je snapt dat het een rollercoaster van emoties was de afgelopen tijd. Maar ik zal echt alles doen voor het geluk van mijn kind.*

*Katie heeft een broer van bijna elf en hij had er veel moeite mee. We hebben hier veel over gesproken en naar de dag toe geleefd. En ik moet zeggen: mijn oudste zoon gaat er nu goed mee om. Ik heb af en toe de twijfel van: doe ik het wel goed voor haar? Is dit echt wel wat ze nodig heeft? Dat benauwt me, dan krijg ik even geen lucht.*

*Maar al snel krijg ik van haar alle bevestiging terug. Zij wil dit. Waarom ik je eigenlijk mail, is om te vragen of jij voor mij als moeder tips hebt, aangezien je dit allemaal hebt ervaren samen met jouw moeder. Maar ook tips en adviezen die ik aan Katie kan geven als ze zich soms nog een beetje schaamt of onzeker wordt. We kennen namelijk niemand in onze omgeving die hier ervaring mee heeft, op de coach na dan. En ik vind het heel fijn om dit soort gesprekken te hebben.*

*Sorry voor het lange verhaal, ik hoop dat je*

*ondanks je drukke schema de tijd wilt nemen om dit even te lezen, en me een antwoord te sturen.*

*Dank je wel,*
*Liefs van Noortje*

Mijn moeder en ik kijken elkaar aan: wat gaan we doen? Wie van ons tweetjes schrijft haar? We beginnen te lachen. Deze vraag is dus precies waar het om draait, die omvat het hele boek dat we nu aan het schrijven zijn. De vraag of ze op het juiste pad is en dat we dan lezen hoe ze met haar oudste kind omgaat! Wij hebben hier zoveel respect voor. Het is bijna een cliché en ik ben steeds op zoek naar originele antwoorden om af te wisselen, maar: Noortje doet het zo goed! Dit is recht in de kern: het gesprek aangaan, ook met het broertje, want onbekend maakt onbemind.

Wees open, wees eerlijk en wees kwetsbaar. Ga het gesprek aan met mensen in je gezin, in je omgeving en leg uit wat je voelt. Dat is de enige manier om zelf ook te kunnen accepteren wat er is. Je kunt heel hard vechten en strijden met een zwaard in je hand, proberen iedereen te dwingen om je te accepteren en te snappen dat je zo in het leven staat, maar zo werkt het niet. Je zult op die manier geen begrip kweken, en mensen zullen het niet snappen zolang je probeert ze tot iets te verplichten. Maar op het moment dat je het gesprek open en eerlijk durft aan te gaan... dan kunnen er wonderen gebeuren.

*Lieve Noortje,*

*Dank je wel voor je brief en je lieve complimenten. En vooral dank je wel dat je de moeder voor Katie en haar oudere broer bent die zij nu zo nodig hebben. We hebben een aantal antwoorden voor je, al is het wel een beetje lang. We hebben een boek geschreven waarin we vertellen hoe wij het transgendertraject hebben gedaan en we evalueren waar we op het juiste spoor zaten en waar we de mist ingingen. Het is allemaal goed gekomen, dat kun je ook lezen. Dit hele boek is voor jou en je dochter: Noortje en Katie. En voor alle andere moeders en dochters die het willen lezen.*

*Recht vanuit ons hart naar dat van jullie.*

*Met heel veel liefs,*
*Loiza en Mirjam*

# Dank!

Theo, Maaike en Thijs: voor hun onvoorwaardelijke liefde, steun en geduld.

Familie: voor hun steun en acceptatie en dat ze altijd een luisterend oor hebben geboden.

Diana: voor de vele wandelingen met een lach en een traan, alles was bespreekbaar.

Marjanne en Monique: voor heel veel fijne adviezen en dat ze altijd een luisterend oor boden.

Vrienden en vriendinnen: voor hun steun en vooral de goede gesprekken.

Vanessa van Vuuren: voor haar harde werk en oneindige steun.

Door Filenes: voor het zo mooi verwoorden van ons verhaal in dit boek.

Uitgeverij A.W. Bruna en Romy: voor het geloven in ons verhaal.

Myrthe Mylius: voor de prachtige fotografie voor het boek.
VU Amsterdam: voor hun deskundig advies en begeleiding.
Humanitas en Berdache: voor hun advies en begeleiding.
Basisschool de Meander: voor de veilige omgeving en dat Lucas, Luus mocht zijn wie ze wilde zijn.